प्रेमचन्द का लालन-पालन निर्धनता और अन्याय के विरुद्ध संघर्ष की कठोर पाठशाला में हुआ। अपने 12 उपन्यासों और करीब 300 कहानियों की सामग्री उन्होंने अपने जीवन के निजी अनुभवों और अपने निकट परिवेश के सूक्ष्म निरीक्षण से समेटी थी। उन्होंने टॉलस्टाय, गाल्सवर्दी, सादी तथा मोपासाँ की कृतियों का हिन्दी अनुवाद भी किया था। उन्होंने डिकेन्स की रचनाएं पढ़ी थीं और वे गोर्की के प्रशंसक थे—वस्तुतः वे स्वयं हिन्दी साहित्य के गोर्की कहलाए। उर्दू में लिखना शुरू करके वे बाद में हिन्दी के क्षेत्र में आ गए थे। उनका उपन्यास 'गोदान' आधुनिक साहित्य के अमर ग्रंथों में गिना जाता है।

कलियुग के वेदव्यास

मुंशी प्रेमचन्द

महेश्वर मिश्र

डायमंड बुक्स

प्रकाशक : **डायमंड पॉकेट बुक्स (प्रा.) लि.**
X-30 ओखला इंडस्ट्रियल एरिया, फेज-II
नई दिल्ली-110020
फोन : 011-40712200
ई-मेल : wecare@diamondbooks.in
वेबसाइट : www.diamondbooks.in
संस्करण : 2026
मुद्रक : रेप्रो (इंडिया)

Kaliyug Ke Vedvyas : Munshi Premchand
By : Maheshwar Mishra

अपनी बात

प्रेमचन्द : 'कलियुग के वेदव्यास'

दरो दीवार पे हसरत से नज़र करते हैं,
खुश रहो, अहले वतन, हम तो सफ़र करते हैं।

अपने अंतिम दिनों में मुंशी प्रेमचन्द अक्सर यह शेर गुनगुनाते थे। अपने 56 वर्ष के जीवनकाल में मुंशीजी ने दो सौ से अधिक कहानियां और दो दर्ज़न से अधिक उपन्यास लिखे। इनके अलावा विविध विषयी लेखों की संख्या सैकड़ों में है।

निर्धन परिवार में जन्मे प्रेमचन्द ताउम्र आर्थिक कमी से जूझते रहे लेकिन अपने सिद्धांतों से ज़रा भी इतर नहीं हुए।

यह बड़े दुःख के साथ कहना पड़ता है कि लेखक के रूप में वास्तविक पहचान मुंशी प्रेमचन्द को मृत्यु के बाद मिली। इसके पूर्व तक अधिकांश लोग उन्हें स्कूल का 'मास्टर' समझते रहे। बाद के काल में उत्तरोत्तर उनकी रचनाओं को अंतरराष्ट्रीय स्तर पर ख्याति मिलती चली गई। आज उनकी अधिसंख्य रचनाओं का विश्व की लगभग सभी समुन्नत भाषाओं में अनुवाद हो चुका है। तत्कालीन साहित्यकारों में ही नहीं, वरन् आधुनिक साहित्यकारों में भी मुंशी प्रेमचन्द आज सबसे अधिक पढ़ा जाने वाला नाम हैं। और उनके पाठकों की संख्या उत्तरोत्तर बढ़ रही है–यह जानकर स्वर्ग में बैठी उनकी आत्मा अवश्य तृप्त होगी।

मुंशी प्रेमचन्द की इस लोकप्रियता का सीधा-सा कारण है–उनकी रचनाओं का साधारण, सरल, सहज होना। आडम्बरों, आधुनिकताओं से कोसों दूर–उनके पात्र समाज में, घर-घर में देखे जा सकते हैं। उनकी रचनाओं में उकेरी गई समस्याएं–हमारी, आपकी निजी समस्याएं हैं जिनसे हम नित्य-प्रति दो-चार होते हैं। जो समस्याएं मुंशी जी ने सौ वर्ष पहले उठाईं, आज भी उनकी प्रासंगिकता ज्स की तस है–यही उनके कालजयी रचनाकार होने का सबसे बड़ा प्रमाण है। इसमें कोई संदेह नहीं कि युग-पर्यंत उनकी रचनाओं की प्रासंगिकता अक्षुण्ण रहेगी।

जिस प्रकार महर्षि वेदव्यास ने वेद, पुराण और उपनिषद् की रचना की और वे ग्रंथ कलियुग पर्यंत–आध्यात्मिक और लौकिक रूप से हमारा मार्गदर्शन करते रहते हैं; हमारा पूरा जीवन इनके दर्शन पर निर्भर होता है–उसी प्रकार मुंशी प्रेमचन्द को भारतीय समाज का युगदृष्टा साहित्यकार कहा जा सकता है, जिसने वेदव्यास की भांति ही अपनी रचनाओं के माध्यम से समाज को नई दिशा और दशा प्रदान करने के लिए प्रेरणा दी है।

वेदों और पुराणों में महर्षि वेदव्यास ने जिस प्रकार कथा-कहानियों के माध्यम से

तत्कालीन राजा, महाराजाओं, ऋषि-मुनियों और देवी-देवताओं की विकृत मानसिकताओं का वर्णन शिक्षा के रूप में किया है; उसी प्रकार मुंशी प्रेमचन्द ने अपनी रचनाओं के माध्यम से तत्कालीन समाज की दशा का वर्णन और उसे शिक्षित और प्रेरित करने का प्रयास किया। उनकी रचनाएं आज के युग में भी उतनी ही प्रासंगिक हैं और नहीं लगता कि इस युग-पर्यंत उनकी रचनाओं की प्रासंगिता में लेशमात्र भी कमी आए।

इस दृष्टि से मैं मुंशी प्रेमचन्द को 'कलियुग का वेदव्यास' घोषित करना चाहूंगा। मुझे विश्वास है, किसी को यह कथन अतिशयोक्तिपूर्ण नहीं लगेगा।

मुंशी प्रेमचन्द का जीवन कैसा था, उन्हीं के शब्दों में–

"मेरा जीवन सपाट, समतल मैदान है, जिसमें कहीं-कहीं गड्ढे तो हैं, पर टीलों, पर्वतों, घने जंगलों, गहरी घाटियों और खंडहरों का स्थान नहीं है। जो सज्जन पहाड़ों की सैर के शौक़ीन हैं उन्हें तो यहां निराशा ही होगी।"

वंश-वृक्ष

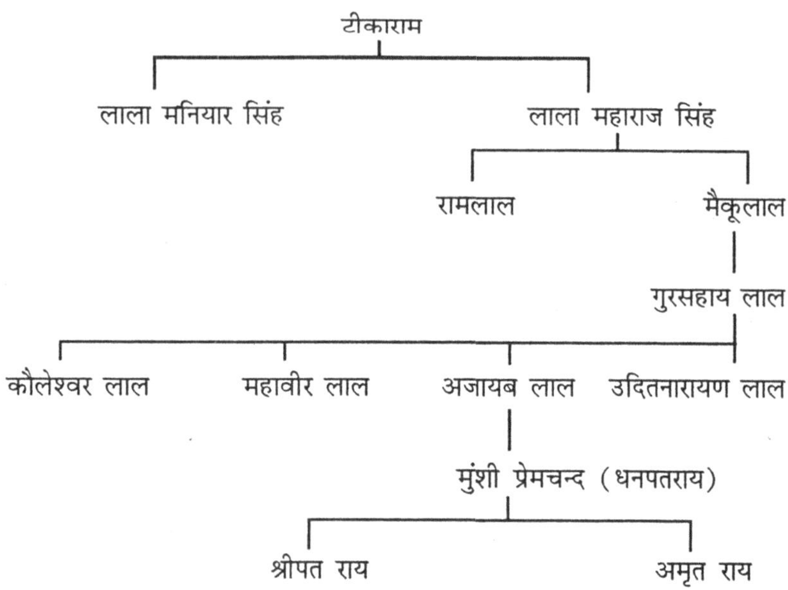

मुंशी प्रेमचन्द के जीवन-वृत्त को शब्दों में बांधना सरल नहीं है। अपने अध्ययन काल से ही मैं उनकी रचनाधर्मिता का कायल रहा और आज उनकी यह जीवनी प्रस्तुत करते हुए मुझे बहुत गर्व का अहसास हो रहा है। जीवनी के सृजन में मैंने उन्हीं के अनेक प्रकाशनों का योगदान लिया, उनका मैं हृदय से आभारी हूं और आशा करता हूं कि पाठकों को यह पुस्तक रुचिकर लगेगी। सुझाव और सुधारों का सदैव स्वागत है।

– महेश शर्मा

विषय-सूची

अध्याय 1

यात्रा के सोपान

मुंशी प्रेमचन्द का नाम जुबान पर आते ही एक साधारण एवं गंभीर व्यक्तित्व आंखों के सामने उपस्थित हो जाता है। मुंशी प्रेमचन्द के नाम से भला कौन परिचित नहीं होगा! साहित्य के क्षेत्र में उनका नाम एक स्वर्णिम अध्याय का स्मरण कराता है। मुंशी प्रेमचन्द की कलम से जो भी शब्द निकले, वे सीधे समाज के लोगों की ज़िंदगी का ताना-बाना बुनते हैं, फिर चाहे वे कहानियां हों अथवा उपन्यास आदि।

मुंशी प्रेमचन्द ज़मीन से जुड़े हुए व्यक्ति थे। उन्होंने उन सभी परिस्थितियों को स्वयं देखा, अनुभव किया था जिनका वर्णन उनकी लेखनी में मिलता है। कहीं उनकी कहानी के पात्र समाज की बुराइयों को प्रस्तुत करते हैं तो कहीं समाज को शिक्षा देते हैं।

प्रेमचन्द का नाम उन लेखकों की श्रेणी में आता है जो कभी-कभी ही इस धरती पर जन्म लेते हैं और अपना नाम अमर कर जाते हैं। मुंशी प्रेमचन्द के जीवन पर विस्तृत दृष्टि डालने से पूर्व उनके जीवन-वृत्त पर एक संक्षिप्त दृष्टि डाल लेते हैं कि इस महान लेखक ने जीवन में किस प्रकार उपलब्धियां प्राप्त कीं। किस प्रकार जीवन में संघर्ष किया–

लोकप्रिय नाम : मुंशी प्रेमचन्द
वास्तविक नाम : धनपतराय
प्यार का नाम : नवाबराय
जन्म-तिथि : 31 जुलाई, 1880

जन्म-स्थान	: ग्राम 'लमही' (बनारस)
माता का नाम	: श्रीमती आनंदी देवी
पिता का नाम	: मुंशी अजायब लाल
पत्नी का नाम	: शिवरानी देवी
पुत्र	: दो–अमृतराय और श्रीपतराय
पुत्री	: एक–कमला
शिक्षा	: वर्ष 1899 में एंट्रेंस परीक्षा उत्तीर्ण की; वर्ष 1904 में इलाहाबाद विश्वविद्यालय से 'स्पेशल वर्नाक्यूलर' की परीक्षा एवं प्रथम श्रेणी में 'जूनियर इंग्लिश सर्टिफिकेट टीचर्स' की परीक्षा उत्तीर्ण की। 1919 में बी॰ए॰ की परीक्षा द्वितीय श्रेणी में उत्तीर्ण की।
कार्य	: पत्रकारिता, साहित्य–सृजन, लेखन कार्य।
विवाह	: मुंशी प्रेमचन्द के दो विवाह हुए। पहला विवाह वर्ष 1895 में, जब वे पन्द्रह वर्ष के थे और दूसरा विवाह वर्ष 1905 में, जब वे 25 वर्ष के थे। उनका दूसरा विवाह शिवरानी देवी से हुआ जो कि बाल–विधवा थीं।

उपलब्धियां

वर्ष 1900	: बहराइच के ज़िला स्कूल में अध्यापक बने और 1923 तक उत्तर प्रदेश में अनेक स्कूलों में विभिन्न पदों पर कार्य करते रहे।
वर्ष 1903	: पहला उपन्यास बनारस से निकलने वाले साप्ताहिक पत्र 'आवाज़-ए-ख़ल्क' में धारावाहिक रूप में प्रकाशित हुआ। उसका नाम 'असार-ए-मुआबिद' था। यह उपन्यास 8 अक्तूबर 1903 से 01 फरवरी, 1905 तक लगातार प्रकाशित हुआ।
वर्ष 1907	: 'ज़माना' पत्र में प्रथम कहानी प्रकाशित। कहानी

का नाम था—'दुनिया का अनमोल रत्न'।

वर्ष 1908	:	पहला कहानी संग्रह 'सोज़े-वतन' नाम से 'ज़माना' द्वारा प्रकाशित।
वर्ष 1910	:	प्रेमचन्द अभी तक नवाब राय के नाम से लिखते थे। लेकिन इस वर्ष उनकी कहानी 'बड़े घर की बेटी' प्रेमचन्द के नाम से प्रकाशित हुई।
वर्ष 1922	:	'मर्यादा' नामक पत्र में कार्यकारी संपादक नियुक्त हुए।
वर्ष 1923	:	सरस्वती प्रेस की स्थापना।
वर्ष 1926	:	'माधुरी' पत्र के संपादक नियुक्त किए गए।
वर्ष 1927	:	'प्रेम प्रतिमा' तथा 'निर्मला' नामक उपन्यास प्रकाशित।
वर्ष 1930	:	'हंस' नामक मासिक पत्रिका का प्रकाशन प्रारंभ।
वर्ष 1934	:	आपके उपन्यास 'सेवा सदन' पर फिल्म बनी। मुंबई की सिनेटोन कम्पनी से अनुबंध; 'मज़दूर' फिल्म के लिए संवाद लिखे।
वर्ष 1936	:	'गोदान' नामक उपन्यास प्रकाशित। इसी वर्ष 8 अक्तूबर को स्वर्गवास।

●●●

अध्याय 2

जीवन-परिचय

उत्तर प्रदेश के बनारस शहर से आज़मगढ़ मार्ग पर जाने पर लगभग 6-7 किलोमीटर की दूरी पर लमही नामक एक छोटा-सा गांव है। कहने को तो यह एक छोटा-सा गांव है लेकिन इस गांव ने अपने देश भारत को एक अनमोल रत्न दिया जो साहित्य के क्षेत्र में एक स्वर्णिम अध्याय के रूप में अपनी अमिट छाप बनाए हुए है। मुंशी प्रेमचन्द, धनपत राय अथवा नवाब राय—ये उस अनमोल रत्न के नाम हैं जो लमही गांव में 31 जुलाई, 1880 को जन्मा था।

पारिवारिक पृष्ठभूमि

मुंशी गुरसहाय लाल लमही में पटवारी का कार्य करते थे। उनके चार पुत्र थे—कौलेश्वर लाल, महावीर लाल, अजायब लाल एवं उदित नारायण लाल। मुंशी गुरसहाय कोई विशेष शिक्षित नहीं थे; बस इतना जानते थे जो आवश्यक था। चारों पुत्रों में महावीर लाल ही अपने नाम के अनुरूप ऊंचे कद-काठी के स्वामी थे। अत: उन्हें खेती रास आई। शेष तीनों भाइयों ने थोड़ी-बहुत शिक्षा ग्रहण की।

शिक्षा पूर्ण होने के बाद सबसे बड़े पुत्र कौलेश्वर लाल को डाकमुंशी की नौकरी मिल गई। कुछ समय पश्चात् उन्होंने अपने छोटे भाई अजायब लाल को भी डाकमुंशी की नौकरी पर लगवा दिया। तदंतर अजायब लाल ने छोटे भाई उदित नारायण को डाकमुंशी लगवाया। इस

प्रकार मुंशी गुरसहाय का एक पुत्र खेती संभालने लगा और शेष तीनों पुत्र डाकमुंशी के पद पर कार्य करने लगे।

कौलेश्वर लाल की तीस वर्ष की अल्पायु में मृत्यु हो गई। अब उनके परिवार के पालन-पोषण की ज़िम्मेदारी भी अजायब लाल पर आ गई। कौलेश्वर लाल के पुत्र मोतीलाल की भी अल्पायु में मृत्यु हो जाने के कारण उसकी पत्नी और तीन बच्चों का खर्च भी अजायब लाल ने उठाया। लेकिन उन्होंने अपनी ज़िम्मेदारी पूरी तरह से निभाई।

नवाब का जन्म

अजायब लाल दुनिया के प्रपंचों से दूर एक साधारण एवं सीधे-सादे व्यक्ति थे। उनका विवाह आनन्दी देवी से हुआ था जो काशी के करौनी नामक गांव की रहने वाली थीं। आनन्दी देवी भी अजायब लाल की भांति सुशील, साधारण और सीधी-सादी घरेलू महिला थीं। आनन्दी देवी के पिता अधिक संपन्न नहीं थे लेकिन वे साहित्य से लगाव रखते थे।

विवाह के बाद अजायब लाल को दो पुत्रियां हुईं, लेकिन दुर्भाग्यवश वे चल बसीं। तत्पश्चात् उनके यहां एक और पुत्री ने जन्म लिया। भाग्यवश वह बच गई। अजायब लाल प्रसन्न हो उठे। उन्होंने अपनी इस पुत्री का नाम सुग्गी रखा। सुग्गी के जन्म के लगभग सात वर्ष बाद 31 जुलाई, 1880 को आनन्दी देवी ने एक पुत्र को जन्म दिया। अजायब लाल की प्रसन्नता का ठिकाना न रहा। उन्होंने इस बालक का नाम रखा—धनपत राय। उनके बड़े भाई इस बालक को प्यार से 'नवाब' कहते थे।

नवाब की माता उन्हें बहुत स्नेह करती थीं क्योंकि पूर्व में दो पुत्रियों की मृत्यु हो चुकी थी और अब केवल उनकी बहन सुग्गी तथा वे स्वयं थे। अत: स्नेह तो होना ही था और वे सबसे छोटे भी थे। अत: उनकी मां उनका विशेष ध्यान रखती थीं। माँ के लाड़-प्यार में धनपत राय का बचपन बीतने लगा। अधिक लाड़-प्यार से वे शरारती होते गए। मित्रों के साथ खेलना, शरारतें करना जैसे उनकी दिनचर्या बन गई। कबड्डी खेलते और आम के बग़ीचों में आम तोड़ते हुए धनपत का बचपन मजे से व्यतीत हो रहा था।

शिक्षा-दीक्षा

जब धनपत लगभग सात वर्ष के हुए तो उनकी शिक्षा की व्यवस्था की गई। लमही से लगभग दो-ढाई किलोमीटर की दूरी पर लालपुर नामक गाँव में एक मौलवी साहब रहते थे। वैसे तो वे दर्ज़ी का कार्य करते थे किंतु बच्चों को पढ़ाते भी थे। धनपत अपने चचेरे भाई बलभद्र, जिसका घर का नाम हलधर था, के साथ मौलवी साहब के यहाँ पढ़ने जाने लगे। अब तक धनपत राय अपने मित्रों के साथ मौज करते आए थे, भला पढ़ाई में उनका मन कहाँ लगना था। वे मौलवी साहब के यहाँ कभी जाते और कभी मार्ग में इधर-उधर खेलने लगते। कोई-न-कोई बहाना बनाकर मौलवी साहब को शांत करना उन्हें खूब आता था। मौलवी साहब उन्हें फ़ारसी और उर्दू पढ़ाते थे। पढ़ते-पढ़ते धनपत राय ने फ़ारसी पर अच्छी पकड़ बना ली थी।

माँ का देहांत

एक बार धनपत की माँ आनन्दी देवी बहुत बीमार हो गईं। बीमारी लम्बी चली; अनेक वैद्यों से इलाज करवाया गया किंतु कोई सुखद परिणाम नहीं निकला। अंत में वे चल बसीं। धनपत की उम्र उस समय केवल आठ वर्ष थी। अब तो जैसे सबकुछ स्थिर हो गया था। कहाँ धनपत माँ के स्नेह की शीतल छाँव में इधर-उधर कुलाँचें भरते थे लेकिन अब वह माँ ही नहीं रही। पिता को अपने काम से फुर्सत नहीं थी। बड़ी बहन सुग्गी का विवाह हो चुका था। अत: धनपत बिल्कुल अकेले पड़ गए।

पुस्तकों से मित्रता

अजायब लाल सरकारी कर्मचारी होने के कारण इधर-उधर स्थानांतरित होते रहते थे। अत: धनपत अपनी दादी के पास लमही में ही रहे। इस तरह धनपत पुन: खेल-कूद में व्यस्त हो गए। मौलवी जी से पढ़ते-खेलते। लगभग दो वर्ष के बाद अजायब लाल ने पुन: विवाह कर धनपत को अपने पास बुलवा लिया। अब धनपत अपने पिता और नई माँ के साथ गोरखपुर में रहने लगे। लेकिन फिर भी वे स्वयं को अकेला ही पाते थे। क्योंकि

पिता की व्यस्तता पूर्ववत् ही थी जबकि नई माँ से उन्हें कभी स्नेह नहीं मिला। यहाँ से धनपत का झुकाव पुस्तकों की ओर हुआ। उन्होंने पुस्तकों को अपना मित्र बनाया।

पुस्तकें ही ऐसी मित्र होती हैं जो सदैव सच्चा ज्ञान देती हैं। सभी लोग साथ छोड़ देते हैं; भटकाते हैं किंतु पुस्तकें ज्ञान देने के साथ-साथ सच्ची मित्रता भी निभाती हैं।

धनपत राय को अब अपना उपयुक्त सर्वोत्तम साथी मिल गया था। अब वे मोटी-मोटी पुस्तकों के रसास्वादन में अपना समय व्यतीत करने लगे। उन्होंने एक पुस्तक विक्रेता से मित्रता कर उसकी पुस्तकें बेचने का कार्य किया। उसके बदले में वे पुस्तकें पढ़ते और उनका ज्ञान अपने में समाते जाते।

धनपत उस समय आठवीं कक्षा में पढ़ते थे लेकिन मोटी-मोटी पुस्तकें पढ़ना उनका शौक हो गया था—बस मोटी-मोटी पुस्तकों का; स्कूली पुस्तकों का नहीं।

धनपत कक्षा आठ उत्तीर्ण हुए। अब आगे की पढ़ाई के लिए उन्हें बनारस जाना था। इनके पिता भी गोरखपुर से जमनिया स्थानांतरित हो रहे थे। उन्होंने धनपत का दाखिला बनारस के क्वीन्स कॉलेज में करवा दिया। अब धनपत नवीं कक्षा में थे। विद्यालय में उनकी फीस माफ हो गई थी, फिर भी खर्च निकालना कठिन था। अतः वे एक जगह ट्यूशन करके किसी तरह अपना गुज़ारा करने लगे।

स्कूल जाना, पढ़ना और ट्यूशन देना—बस इसी में समय व्यतीत होने लगा। बचपन की सभी आदतें अब समाप्त हो चुकी थीं और ज़िम्मेदारी की सीमा प्रारंभ हो चुकी थी। धनपत राय समय मिलते ही पढ़ाई में जुट जाते। उस समय घरों में बिजली की ऐसी व्यवस्था नहीं थी, जैसी आज है। वे लालटेन की रोशनी में पढ़ते, मेहनत करते।

प्रथम बेमेल विवाह

वर्ष 1895 में अजायब लाल ने पुत्र धनपत का विवाह कर दिया। धनपत ने विवाह के संबंध में अनेक सुंदर कल्पनाएं की थीं। तिलिस्मी पुस्तकों के नायकों की भाँति वे भी एक सुंदर राजकुमारी से विवाह करना चाहते थे।

इसलिए अपने विवाह की बात सुनकर वे बड़े प्रसन्न थे, यहां तक कि मंडप सजाने के लिए वे स्वयं लकड़ी काट कर लाए थे। परंतु शायद नियति उन्हें प्रसन्न नहीं देखना चाहती थी। उसने धनपत के साथ ऐसा मज़ाक किया, जिसकी टीस उन्हें जीवन-भर सालती रही।

उनका विवाह एक ज़मींदार की पुत्री के साथ हुआ था। यह विवाह उनके सौतेले नाना ने करवाया था। धनपत प्रसन्नतापूर्वक अपनी दुल्हन को साथ लेकर घर लौट आए। परंतु जब उन्होंने अपनी सपनों की राजकुमारी का चेहरा देखा तो कल्पनाओं ने उन्हें सत्य की कठोर भूमि पर ला पटका। धनपत जहां अत्यंत सुंदर, सजीले और बाँके युवक थे, वहीं उनकी पत्नी न केवल उम्र में उनसे बड़ी थी, बल्कि मोटी, काली, बदसूरत और अनपढ़ भी थी। उसके चेहरे पर चेचक के दाग थे; उसकी एक टाँग छोटी थी जिसके कारण वह लँगड़ाकर चलती थी। मस्तिष्क में कुछ समस्या होने के कारण प्रत्येक महीने एक-दो बार दौरे भी पड़ते थे।

इतना कुछ होते हुए भी धनपत उसके साथ निबाह कर लेते, लेकिन उसका व्यवहार बड़ा झगड़ालू और कसैला था। ऐसे विपरीत स्वभाव वाली पत्नी के साथ जीवन बिताना धनपत के लिए असंभव था। यही कारण था कि वे कभी दिल से एक-दूसरे को अपना नहीं सके।

अजायब लाल भी अपने पुत्र का जीवन बर्बाद होते देख टूट-से गए। ऐसे बेमेल विवाह से वे दु:खी हो गए और धनपत का दूसरा विवाह करने का विचार करने लगे।

पिता का स्वर्गवास

धनपत के विवाह के बाद से ही अजायब लाल बीमार चल रहे थे। पुत्र के विवाह ने उन्हें बुरी तरह से हिला दिया था। अंतत: 1897 में लम्बी बीमारी के बाद उनका स्वर्गवास हो गया। धनपत सहित सभी शोकमग्न हो गए। उस वर्ष धनपत को मैट्रिक की परीक्षा देनी थी। लेकिन पिता के देहांत के कारण वे परीक्षा नहीं दे सके। उन्होंने अपनी मेहनत जारी रखी और अगले वर्ष मैट्रिक की परीक्षा द्वितीय श्रेणी में उत्तीर्ण की।

कॉलेज के नियमानुसार केवल उन्हीं छात्रों की फीस माफ की जाती थी जो प्रथम श्रेणी में उत्तीर्ण होते थे। धनपत द्वितीय श्रेणी में उत्तीर्ण हुए थे, इसलिए उनकी फीस माफ नहीं हुई। धन का अभाव सदा उनके साथ लगा रहा; वे कॉलेज की भारी-भरकम फीस देने में असमर्थ थे। अंततः उन्होंने वह कॉलेज छोड़ दिया।

उन्हीं दिनों काशी में हिन्दू विश्वविद्यालय की स्थापना हुई। धनपत ने भी उस कॉलेज में प्रवेश लेने का प्रयास किया और फ़ीस माफ करवाने के लिए इधर-उधर भाग-दौड़ की। उनका प्रयास सफल रहा। एक सज्जन की सिफारिश पर प्रधानाचार्य ने धनपत से प्रवेश-पत्र भरवा लिया। परंतु इससे पूर्व धनपत को विभिन्न विषयों की प्रवेश-परीक्षाएँ उत्तीर्ण करनी थीं। इसके लिए उन्हें अलग-अलग कक्षाओं में बिठाकर उनसे प्रश्न किए गए। अंग्रेजी के विषय में वे उत्तीर्ण हो गए, लेकिन गणित में कमज़ोर होने के कारण उसमें अनुत्तीर्ण रहे। तब कॉलेजों में प्रवेश के लिए छात्र की योग्यता को भी देखा जाता था। आज की तरह नहीं होता था कि छात्र एम॰ए॰ उत्तीर्ण है और हाई स्कूल की कक्षा के लायक भी नहीं है।

धनपत को जैसे-तैसे दाखिला मिला; शुल्क माफ हुआ। खाना-खर्च कहाँ से आता? तब एक मित्र की सहायता से एक जगह ट्यूशन मिल गई और पाँच रुपया माहवार मिलने लगा। साथ ही उन्हीं के यहाँ एक कोठरी में रहने की जगह भी मिल गई। तब धनपत राय जैसे-तैसे गुज़ारा करने लगे। पुस्तकालय जाकर पढ़ाई करते। पढ़ाई में स्कूली पुस्तकें कम, उपन्यास-पत्रिकाएँ आदि अधिक पढ़ते। धीरे-धीरे समय बीतता रहा।

अध्यापक बने

धनपत राय बड़ी तंगहाली में अपना जीवन व्यतीत कर रहे थे। पाँच रुपये माह में क्या कर सकते थे? कभी खा पाते, कभी नहीं। ऐसे ही दिन काटते।

एक दिन जब बहुत आवश्यकता हुई तब उन्होंने अपनी एक पुस्तक एक रुपये में एक दुकानदार को बेच दी। जिस दुकान में उस पुस्तक को बेचा, वहीं एक सज्जन ने उन्हें एक स्कूल में पढ़ाने के लिए

निमंत्रण दिया। वे सज्जन एक स्कूल में हेडमास्टर थे। वह स्कूल चुनार नामक गांव में था जोकि एक छोटा-सा गांव था। उस स्कूल में मैट्रिक उत्तीर्ण एक अध्यापक की आवश्यकता थी। और सबसे मुख्य बात—वेतन अट्ठारह रुपये। धनपत राय ने यह प्रस्ताव तुरंत मान लिया। जैसे उनकी लॉटरी लग गई हो; क्योंकि अभी तक वे दो-पाँच रुपयों में ज़िंदगी को घसीट रहे थे। परंतु अब अट्ठारह रुपये उनके लिए बहुत थे।

चुनार एक छोटा-सा गांव है जोकि मिर्ज़ापुर के पास है। यहीं से धनपत के कार्य का सिलसिला प्रारंभ हुआ और वे एक स्कूल के अध्यापक के रूप में सामने आए। धनपतराय चुनार में रहने लगे। उनकी सौतेली माँ एवं सौतेले मामा विजयबहादुर भी उनके साथ रहने लगे।

धनपत राय की विजयबहादुर के साथ अच्छी निभती थी क्योंकि वे हमउम्र थे। घर में सदस्य अधिक थे। खर्च भी अधिक था, अतः धनपत राय स्कूल में भी पढ़ाते और साथ ही अलग एक छात्र को पढ़ाते। पाँच रुपये उसके मिलते। इस तरह वे तेईस रुपये माहवार में कमाते। लेकिन अब वे भी कम पड़ते थे।

एक दिन धनपतराय ने इसी स्कूल में अपने एक साथी का न्यायपूर्ण साथ दिया; जिसके कारण उन्हें व उनके साथी—दोनों को अपनी नौकरियों से हाथ धोना पड़ा। सत्य की इस लड़ाई से उनके इस गुण का पता चलता है कि वे सत्य के पक्षधर थे और उसके लिए किसी भी प्रकार की परेशानी का सामना करने को तैयार रहते थे। फिर भले ही वे स्वयं के लिए लड़ें या दूसरों के लिए।

इसके पश्चात् कुछ समय यूं ही बीता। फिर उनकी नियुक्ति बहराइच के एक स्कूल में हो गई। यहाँ उन्हें बीस रुपये वेतन मिलने लगा। यहाँ भी उनकी अच्छी छाप बनी। लेकिन वे यहाँ भी अधिक न रुक सके। लगभग तीन माह बाद ही उन्हें प्रतापगढ़ के ज़िला स्कूल में अध्यापक का कार्य मिल गया। यहाँ भी उन्हें बीस रुपये वेतन मिलता था। वहां वे गांव के एक ठाकुर की हवेली में रहने के साथ-साथ उसके पुत्रों को पढ़ाते भी थे। इसलिए वहां उनकी अच्छी पैठ बन गई।

●●●

अध्याय 3

साहित्यिक प्रतिभा का विकास

सिर से माँ का साया उठ जाने के बाद से धनपत का झुकाव पुस्तकों की ओर हो चला था। अध्यापक बनने तक वे सैकड़ों उपन्यास, कहानियाँ, किस्सों को पढ़ चुके थे। यही किस्से-कहानियाँ उनके अंदर छिपे साहित्यकार को धीरे-धीरे सींच रहे थे। इसके अतिरिक्त वे समाज में रहने वाले लोगों की दुर्दशा, उनके रहन-सहन, उनकी गरीबी आदि का बहुत निकटता से अनुभव कर चुके थे।

यह वह समय था जब समाज में अनेक प्रकार की बुराइयाँ व्याप्त थीं। बाल-विधवा विवाह नहीं होने दिया जाता था; स्त्रियों की स्थिति बदतर थी; छुआछूत का ज़बरदस्त प्रभाव था; सामंतवाद, ब्राह्मणवाद अपनी गहरी जड़ें जमाए हुए थे; जिन्हें उखाड़ पाना बहुत कठिन था। कहीं-कहीं इन कुरीतियों को समाप्त करने के प्रयास भी चल रहे थे। लेकिन वे भी पर्याप्त नहीं थे। इन्हीं कुरीतियों को दूर करने की टीस धनपतराय के मन में उठी और उन्होंने इन कुरीतियों को लेखन के माध्यम से समाज के सामने रखने का मन बनाया और जब धनपत राय ने अपने हाथ में लिखने के लिए कलम उठाई तो वे उनके हाथ से ताउम्र नहीं छूटी।

उन्होंने अपनी कलम को दौड़ाना प्रारंभ किया। लेकिन आजीविका के लिए अध्यापन के कार्य को भी नहीं छोड़ा जोकि आवश्यक भी था। इसलिए इलाहाबाद में धनपत राय ने प्रशिक्षण लेना प्रारम्भ किया। यह

प्रशिक्षण अध्यापन से संबंधित था। यहाँ वे अपना अधिकतर समय लिखने-पढ़ने में व्यतीत करते।

8 अक्टूबर, 1903 में इनका पहला उपन्यास 'असार-ए-मुआबिद' हिन्दी में जिसका अर्थ है—'देव स्थान रहस्य'; उर्दू के साप्ताहिक पत्र 'आवाज़-ए खल्क़' में प्रकाशित होना प्रारंभ हुआ। और इस प्रकार एक उपन्यास सम्राट का जन्म हुआ।

इलाहाबाद से अध्यापक-प्रशिक्षण पूर्ण कर धनपत वापस उसी स्कूल प्रतापगढ़ में पहुँच गए जहाँ से वे छुट्टी लेकर यह प्रशिक्षण करने गए थे। आवाज़-ए खल्क़ में उनके उपन्यास की कड़ियाँ प्रकाशित हो ही रही थीं। तदंतर पुनः वे इलाहाबाद के एक मॉडल स्कूल में हैडमास्टर के पद पर नियुक्त हुए। लेकिन यहाँ भी वे अधिक नहीं रुक सके क्योंकि उन्हें पुनः स्थानांतरित कर कानपुर भेज दिया गया।

दया नारायण निगम से मित्रता

इसी समय मुंशी दया नारायण निगम ने 'ज़माना' नामक पत्र प्रारंभ किया और लेखकों की तलाश की। इसमें धनपतराय ने भी लिखने की इच्छा प्रकट की क्योंकि वे यही चाहते थे कि किसी भी अच्छे पत्र को पकड़कर उसमें लगातार लिखा जाए, बिना रुकावट। 'ज़माना' के मुंशी दया नारायण से मित्रता होने तक धनपतराय अपनी कलम को अच्छी तरह माँज चुके थे। उनकी पहचान भी बनती जा रही थी। निगम से तो उनकी अच्छी-खासी मित्रता हो चुकी थी और उनके घर पर धनपतराय सहित अन्य मित्रगण प्रायः बैठक लगाते और शेरो-शायरी आदि की चर्चा होती।

मुंशी दया नारायण और धनपत राय में यूँ तो अनेक समानताएँ थीं; बस भिन्नता थी तो वह यह कि धनपत राय बिल्कुल स्वतंत्र मिज़ाज के व्यक्ति थे; मस्त रहना और हर परिस्थिति में रहकर कार्य करना। जबकि मुंशी दया नारायण निगम व्यापारिक किस्म के व्यक्ति थे। कार्य को करने से पहले आगा-पीछा देखते थे। परंतु फिर भी दोनों की मित्रता में कोई फर्क नहीं था। क्योंकि वे यह जानते थे कि दोनों ही एक-दूसरे के योग्य हैं। धनपतराय स्कूल की छुट्टियों में निगम जी के साथ समय

व्यतीत करते। अलग-अलग होते तो पत्रों के माध्यम से उनका सम्पर्क बना रहता था।

पुनर्विवाह

धनपतराय पच्चीस वर्ष के हो चुके थे। उनकी चाची पुनर्विवाह के लिए उनके पीछे पड़ी रहती। आखिरकार धनपत राय ने भी मन बना लिया की पुन: विवाह किया जाए। लेकिन उन्होंने एक शर्त रख दी कि वे केवल विधवा से ही शादी करेंगे क्योंकि वे भी शादीशुदा थे। भले ही पहली शादी, शादी न होकर एक कड़वा सच थी। अत: वे अपनी बात पर अड़ गए कि केवल विधवा से ही विवाह करेंगे। और फिर अपनी लेखनी से भी वे समाज को ऐसी ही सीख दे रहे थे तो फिर वास्तविक धरातल पर केसे पीछे रहते। जैसा सब करते हैं—कथनी-करनी में अंतर; वैसा वे क्यों करें? समय भी संभवत: उनके अनुकूल था।

उन्हीं दिनों उन्होंने एक विज्ञापन पढ़ा कि मुंशी देवीप्रसाद अपनी बाल-विधवा पुत्री का विवाह करना चाहते हैं, इच्छुक व्यक्ति सम्पर्क करें। यह पढ़कर धनपतराय ने तुरंत पत्र लिख दिया। बात आगे चली और दोनों परिवारों की बात जम गई। अंतत: 1906 में धनपत राय का विवाह मुंशी देवीप्रसाद की बाल-विधवा पुत्री शिवरानी देवी से हो गया।

शिवरानी देवी सरल स्वभाव की एक गृहस्थ महिला थीं। कष्टपूर्ण जीवन में भी वे पति के कंधे से कंधा मिलाकर चलीं। प्रेमचन्द जी को उन्होंने अच्छी तरह समझा और आपसी विचार-विमर्श से जीवन के सभी अहम फैसले लिए।

स्वतंत्रता आंदोलन में गाँधी जी के आह्वान और स्वरूपरानी नेहरू (पं० जवाहरलाल नेहरू की माता) के संघर्ष ने शिवरानी देवी को भी देश के लिए कुछ कर गुज़रने की प्रेरणा दी। बस, उन्होंने कांग्रेस का झोला लिया और निकल पड़ीं सहायता माँगने। धीरे-धीरे उनके स्वयंसेवकों की संख्या सात सौ तक जा पहुँची। शिवरानी देवी को अपनी टोली का कप्तान बनाया गया।

आखिर विदेशी कपड़ों की दुकान पर धरना देते हुए 9 नवम्बर, 1930 को उन्हें गिरफ्तार कर लिया गया और उन्हें दो महीने की सज़ा मिली।

प्रेमचन्द जी ने इस पर टिप्पणी की : "उनकी इज़्ज़त मेरी आँखों में सौ गुना बढ़ गई।"

स्वतंत्रता आंदोलन में लेखनी

धनपतराय की कलम भी अब तक मज़बूती पकड़ चुकी थी। यह युग स्वतंत्रता-आंदोलन का युग था। चारों ओर स्वतंत्रता आंदोलन की अग्नि धधक रही थी, फिर धनपत राय कैसे पीछे रहते। समाज के लोगों को जागृत करने के लिए लिख सकते थे तो क्या स्वयं कुछ नहीं करसकते थे। उन पर बाल गंगाधर तिलक एवं गोपालकृष्ण गोखले का अच्छा-खासा प्रभाव पड़ा। अत: 1905 में 'ज़माना' में गोखले जी पर एक लेख लिखकर प्रकाशित करवाया। इस लेख में उनकी देशभक्ति झलकती है। वे देश के हालात पर किस प्रकार दु:खी थे, उनकी व्यथा इस लेख से प्रकट होती है। धनपतराय के इस लेख में उन्होंने गोखले जी द्वारा दिए गए भाषण को उदाहरण के रूप में प्रस्तुत किया। वह लेख इस प्रकार था–

"वर्तमान शासन-प्रणाली का यह परिणाम ही रहा है कि हमारी शारीरिक और मानसिक शक्ति दिन-ब-दिन छीजती जा रही है। हम दैन्य और अपमान का जीवन स्वीकार करने को बाध्य किए जाते हैं। पग-पग पर हमको इस बात की याद दिलाई जाती है कि हम एक दलित जाति के जन हैं। हमारी स्वाधीनता का गला बेदर्दी से घोंटा जा रहा है, और यह सब केवल इसलिए कि वर्तमान शासन-व्यवस्था की नींव और मज़बूत हो जाए। इंग्लैंड का हर एक युवक जिसको ईश्वर ने बुद्धि और उत्साह के गुण प्रदान किए हैं; आशा करता है कि 'मैं भी किसी-न-किसी दिन राष्ट्ररूपी जहाज़ का कप्तान बनूँगा; मैं भी किसी-न-किसी दिन ग्लैडस्टन का पद और नेलसन का यश प्राप्त करूँगा।' हमारे देश के अभागे नौजवान ऐसे उत्साहवर्द्धक स्वप्न नहीं देख सकते। वर्तमान शासन-प्रणाली के रहते यह संभव नहीं कि हम उस ऊँचाई तक पहुँच सकें जिसकी शक्ति और योग्यता प्रकृति ने हमें प्रदान की है। वह नैतिक बल जो प्रत्येक स्वाधीन जाति का विशेष गुण है, हममें लुप्त होता जा रहा है। अंत में इस स्थिति का शोचनीय परिणाम यही होगा कि हमारी शासन-प्रबंध और

युद्ध की योग्यता अव्यवहारवश नष्ट हो जाएगी और हमारी जाति का इतना अध:पतन हो जाएगा कि हम लकड़ी काटने और पानी भरने के सिवा और किसी काम के नहीं रह जाएँगे।"

यह उदाहंरण प्रस्तुत कर धनपत राय ने अपने इसी लेख में गोखले के विषय में लिखा–

"आप जैसे विद्वान और बहुज्ञ व्यक्ति से यह बात छिपी नहीं थी कि विदेशी सरकार सदा जनता की सहानुभूति से वंचित और ग़लतफ़हमियों का शिकार बनी रहती है। उसको एक-एक क़दम ऊँच-नीच देखकर रखना होता है। इसी दृष्टि से आपने कभी सरकार को जनसाधारण की निगाह में गिराने या दोषी बनाने की चेष्टा नहीं की, बल्कि जब कभी मौका मिला, बड़े गर्व से उन बड़े-बड़े लाभों की चर्चा की जो अंग्रेजी राज्य की बदौलत हमें प्राप्त हैं।

लेकिन अंग्रेजी राज्य से प्राप्त होने वाले बड़े-बड़े लाभों में आस्था ज्यादा दिन न रह सकी। वक्त की रफ्तार तेज हो गई थी और शांतिकाल समाप्त हो गया था तब इस तरह की शिष्टाचार की बातें आपस में चल सकती थीं। अब तो समर सम्मुख था। उग्र राष्ट्रीयता की लहर आई हुई थी जो हर रोज उग्रतर होती जाती थी। गोरी सत्ता उसे कुचलने के लिए सब कुछ करने को तैयार थी, कुछ परवाह नहीं उसे कि कितना खून बहता है, कितने नौजवान फाँसी चढ़ते हैं, कितने कालेपानी जाते हैं, कितने घर बरबाद होते हैं।

क्या गुनाह है बेचारों का? यही न कि वे अपने देश को आज़ाद देखना चाहते हैं। यह तो कोई गुनाह नहीं है। सभी देश आज़ाद होना चाहते हैं। कौन चाहता है कि यहाँ आकर विदेशी राज करें। आयरलैंड वाले तो कितने ही मामलों में अंग्रेजों से इतने मिलते-जुलते हैं कि हम-आप तो उन्हें अंग्रेजों से अलग करके पहचान भी न सकें लेकिन उन्हें भी इंग्लैंड वालों की सरपरस्ती मंजूर नहीं हुई। वे भी अपने मुल्क की आज़ादी के लिए लड़ रहे हैं। इटली वाले अलग अपनी आज़ादी के लिए लड़ रहे हैं। अमरीका के अंग्रेज तो यहीं से जाकर बसे थे वहाँ, लेकिन जब उनकी अलग कौम बन गई तो फिर उन्होंने भी इन्हें मारकर अपने यहाँ से निकाला या नहीं? रूस में भी तो इसी तरह का गुप्त क्रांतिकारी

आंदोलन है, वे नहीं चाहते ज़ार का अत्याचारी शासन। कितनी अच्छी बात कही है तिलक ने–'स्वराज्य मेरा जन्मसिद्ध अधिकार है और मैं उसे लेकर रहूँगा।' कौन होते हैं आप यह कहने वाले कि हम अपने देश की ज़िम्मेदारी सँभालने के काबिल हुए या नहीं? न होंगे तो देखी जाएगी, जो पड़ेगी हम पर; हम भुगत लेंगे, आपसे कहने न जाएँगे। मगर नहीं, यह सब तो कहने की बातें हैं, मालिक और गुलाम के रिश्ते में ऐसा कहीं नहीं होता और कभी नहीं हुआ कि मालिक ने एक रोज़ गुलाम को इस काबिल समझकर कि वह अपनी ज़िम्मेदारी खुद सँभाल सकता है; ताकत उसके हाथ में खुद से सौंप दी हो। मालिक तो हमेशा गुलाम को नकारा समझता है—क्योंकि इसी में उसका फायदा है। वह इतिहास का विद्यार्थी था और इतिहास में इस तरह की कोई नज़ीर नहीं मिलती। मालिक की निगाह में गुलाम रहेंगे? और अगर हमें यह दलील मंजूर न हो और हम आपसे कहें कि आप हमको हमारे हाल पर छोड़ दीजिए तो इसका जवाब आपके पास है– फाँसी और कालापानी। तभी तो आपने इस तरह जल्लादी पर कमर बाँधी है। हुकूमत करने वाले सब एक-से होते हैं। गोखले ने खामखाह आस लगा रक्खी है उनसे। कुछ होने वाला नहीं है। तिलक का रास्ता ही ठीक है। बात समझ में आती है। आज़ादी हमेशा लड़कर ली जाती है, भीख माँगने से आज़ादी नहीं मिला करती। माँग तो रहे हैं भीख इतने दिनों से, मिला कुछ! किसी को मिली है कि आप ही को मिलेगी? कुर्बानी दरकार है उसके लिए! यह तो लड़ाई है बाक़ायदा। इसमें कहाँ का रहम और कहाँ की मुरौवत। सब बच्चों को बहलाने की बातें हैं। जिस दिन मुल्क कुर्बानी के रास्ते पर चल पड़ेगा, आज़ादी रखी हुई है।"

तिलक से प्रभावित

बाल गंगाधर तिलक उस समय स्वतंत्रता आंदोलन के लिए महत्त्वपूर्ण भूमिका निभा रहे थे और वे गरम दल से थे। वे चाहते थे कि अंग्रेजों का पुरजोर विरोध कर उनके हाथों से अपने देश को छीना जाए। क्योंकि अंग्रेजों के जुल्म बढ़ते जा रहे थे और वे भारतीयों को दबाने के नए-नए तरीके खोजकर प्रयोग में ला रहे थे। बाल गंगाधर जानते थे कि

अंग्रेजों के चंगुल से लड़कर ही देश लिया जा सकता है; झुककर या भीख माँगने से नहीं मिलेगा। तिलक के इसी व्यक्तित्व का प्रभाव धनपत राय पर पड़ा।

तिलक ने लोगों में आत्मविश्वास व मनोबल बढ़ाने के लिए शिवाजी व गणपति जैसे धार्मिक उत्सव प्रारंभ किए। लोगों में धार्मिक विश्वास जागृत कर उनमें स्वदेशी आंदोलन की भावना प्रबल की। 'केसरी' समाचार पत्र में 'देश का दुर्भाग्य' नामक उनका एक लेख छपा जिसे पढ़कर अंग्रेजों से रहा नहीं गया और उन्होंने लोकमान्य तिलक पर राजद्रोह का आरोप लगाकर मुकद्दमा चला दिया एवं छः वर्ष की सज़ा दी।

इस समय जनता भी राष्ट्रीय आंदोलन में बढ़-चढ़कर भागीदारी कर रही थी; जिससे स्वतंत्रता के लिए एक साथ मिलकर कार्य हो और सभी तिलक की नीति के अनुसार कार्यरत थे जबकि कांग्रेस में नरमपंथियों का स्थान अधिक था। तिलक के प्रति लोगों का विश्वास बढ़ता जा रहा था।

धनपतराय भी पूर्णरूप से तिलक के रंग में डूबे थे और उनके ही समर्थक थे। उनके मन में भी देश की स्वतंत्रता के लिए टीस उठ रही थी। स्वतंत्रता आंदोलन में वे प्रत्यक्ष रूप से तो नहीं जुड़े लेकिन अप्रत्यक्ष रूप से जुड़े रहे–अपनी लेखनी के माध्यम से।

वर्ष 1907 में इन्हीं घटनाओं से ओत-प्रोत होकर धनपत राय ने एक कहानी लिखी–'दुनिया का सबसे अनमोल रत्न।' यह उनकी पहली लघु-कथा थी। उन्होंने अपनी कहानी में खून की उस अंतिम बूँद को अनमोल रत्न के रूप में प्रस्तुत किया था जो देश की स्वतंत्रता के लिए काम आए। इस कहानी से उनके हृदय में उमड़ रहे देश-प्रेम के भाव एवं उत्साह का पता चलता है कि वे किस तरह से उस समय की स्थिति से प्रभावित थे और चाहते थे कि उनकी लेखनी के माध्यम से लोगों के हृदय में जोश पैदा हो जिससे वे अपने जोश को देश की स्वतंत्रता के मार्ग में लगा सकें। धनपत राय इस बात से पूर्ण रूप से सहमत थे कि बिना गर्मी दिखाए अंग्रेज हिन्दुस्तान से भागने वालों में से न थे। दूसरी ओर समाज की बुराइयों के प्रति स्वामी विवेकानंद के विचारों का भी उन पर बहुत प्रभाव पड़ा। मुंशी जी पर स्वामी विवेकानंद के जिन भाषणों का बहुत गहरा प्रभाव पड़ा, वे इस प्रकार हैं–

"मेरे नौजवान दोस्तो! बलवान बनो। तुम्हारे लिए मेरी यही सलाह है। तुम भगवद्गीता के स्वाध्याय की अपेक्षा फुटबाल खेलकर कहीं अधिक सुगमता से मुक्ति प्राप्त कर सकते हो। जब तुम्हारी रगें और पुट्ठे अधिक दृढ़ होंगे तो तुम भगवद्गीता के उपदेशों पर अधिक अच्छी तरह चल सकते हो। गीता का उपदेश कायरों को नहीं दिया गया था, अर्जुन को दिया गया था जो बड़ा शूरवीर, पराक्रमी और क्षत्रिय-शिरोमणि था।"

"यह समय आनंद में आँसू बहाने का नहीं है। हम रो तो बहुत चुके। इस कोमलता ने हमें इस हद तक पहुँचा दिया है कि हम रूई का गोला बन गए हैं। अब हमारे देश और जाति को जिन चीजों की जरूरत है, वह है—लोहे के हाथ-पैर और फौलाद के से पुट्ठे और वह दृढ़ संकल्प-शक्ति जिसे दुनिया की कोई चीज नहीं रोक सके, जो प्रकृति के रहस्यों की हद तक पहुँच जाती है और अपने लक्ष्य से कभी विमुख नहीं होती चाहे उसे समुद्र की तह में जाना पड़े या मृत्यु का ही सामना क्यों न करना पड़े।"

सामाजिक सुधार को लेकर स्वामी विवेकानंद के क्या विचार थे? उनकी सोच क्या थी? वे क्या चाहते थे? उनका विश्लेषण कर धनपत राय ने अपनी लेखनी में लिखा :

"स्वामीजी सामाजिक सुधारों के पक्के समर्थक थे पर उसकी वर्तमान गति से सहमत न थे। उस समय समाज-सुधार के जो यत्न किए जाते थे वे प्रायः उच्च और शिक्षित वर्ग से ही संबंध रखते थे। पर्दे की रस्में, विधवा-विवाह, जाति-बंधन—यही इस समय की सबसे बड़ी सामाजिक समस्याएँ हैं, जिनमें सुधार होना बहुत जरूरी है और सभी शिक्षित वर्ग से संबंध रखती हैं। स्वामीजी का आदर्श बहुत ऊँचा था अर्थात् निम्न श्रेणी वालों को ऊपर उठाना, उन्हें शिक्षा देना और अपनाना। ये लोग हिन्दू जाति की जड़ें हैं और शिक्षित वर्ग उसकी शाखाएँ। केवल डालियों को सींचने से पेड़ पुष्ट नहीं हो सकता। उसे हरा-भरा बनाना हो तो जड़ों को सींचना होगा।"

अतः धनपत राय ने भी अपनी लेखनी से समाज के उन्हीं चरित्रों को जो इन कुप्रथाओं से घिरे हुए थे, गढ़ा और समाज के लोगों की स्थिति को उनके रहन-सहन, उनके विचार आदि को प्रस्तुत किया।

यह बात भी बिल्कुल सही थी कि जब तक समाज के इन तबकों को जागृत नहीं किया जाता, तब तक समाज का उत्थान भी कैसे संभव हो सकता था; अतः उन्हें स्वामीजी ने समाज की जड़ें बताया और जड़ों को सींचकर ही वृक्ष मज़बूती पा सकता है। समाज की ये जड़ें जब जागृत होंगी तो स्वाभाविक है कि स्वस्थ समाज का जन्म होगा।

वर्ष 1907 में धनपतराय की 'किशना' नामक पुस्तक आई जिसके विषय में आलोचक नौबत राय ने अपने विचार प्रस्तुत किए जोकि ज़माना में प्रकाशित हुए। नोबतराय ने कहा—"यह उपन्यास न होकर इसमें स्त्रियों की स्थिति का मखौल बनाया गया है।"

'सोज़े वतन' का प्रकाशन

इस वर्ष उनकी 'रूठी रानी' नामक कथा 'ज़माना' में कड़ी-दर- कड़ी प्रकाशित हुई। यह कथा 'ज़माना' में अप्रैल, 1907 से अगस्त 1907 तक प्रकाशित हुई। 'किशना' का प्रकाशन बनारस के मेडिकल हॉल प्रेस से हुआ था। इसके बाद कहानियों का संग्रह 1908 में 'सोज़े वतन' नाम से 'ज़माना' द्वारा प्रकाशित हुआ।

कानपुर में रहते हुए उनकी अच्छी पहचान के साथ-साथ लिखने की भी अच्छी श्रृंखला बन गई थी क्योंकि वे यहाँ लम्बे समय से रह रहे थे लेकिन जब 1909 में उन्हें महोबा स्थानांतरित होकर जाना पड़ा तो उन्हें बहुत दु:ख हुआ। इस लम्बे समय में बने मित्रों से बिछुड़ने का ग़म उन्हें रह-रहकर सता रहा था लेकिन सरकारी कार्य था, अतः जाना आवश्यक था।

मदरसों के निरीक्षक

तत्पश्चात् कुछ समय महोबा में रहने के पश्चात् उनको हमीरपुर जाना पड़ा, वहाँ उन्हें मदरसों के निरीक्षण का कार्य मिला था। धनपत राय स्वयं भी ऐसे मदरसों में पढ़ चुके थे इसलिए जब वे वहाँ पहुँचे तो उन्हें स्वयं के बचपन के वे दिन याद आ गए जब वे भी ऐसे ही मदरसों में पढ़ते थे।

मदरसों की दयनीय हालत पर उन्होंने सोचा कि इन पर लिखा

जाए। उन्होंने अपनी नौकरी की परवाह किए बगैर, जो सही स्थिति थी, उसका उल्लेख अपने लेख 'संयुक्त प्रांत में आरंभिक शिक्षा' शीर्षक से हमीरपुर आने से पूर्व प्रकाशित करवाया, जो इस प्रकार था–

"हमारी आरंभिक शिक्षा के सुधार और उन्नति के लिए सबसे बड़ी जरूरत योग्य शिक्षकों की है और योग्य व्यक्ति आठ रुपए या नौ रुपए माहवार के वेतन पर दुनिया में कहीं नहीं मिल सकते। जिस आदमी को पेट ही की फिक्र से आज़ादी नसीब न होगी, वह तालीम की तरफ क्या खाक ध्यान देगा? जब सरकारी मदरसों का यह हाल है तो इमदादी मदरसों का जिक्र क्या! उनमें कम-से-कम एक आना मनीआर्डर का महसूल कट जाता है। तीन रुपये पंद्रह आने में कौन महीना भर सरदर्दी गवारा करेगा! शहरों में कहारों की तनख्वाहें छः और सात रुपये माहवार हैं, बल्कि अक्सर तो इससे भी ज्यादा। मामूली मज़दूर चार आने पैसे रोज कमा लेता है। मगर गरीब मुदर्रिस इनसे भी ज़लील समझा जाता है।

कुछ तो रुपयों की कमी है और कुछ बेजा खर्च। कभी-कभी सरकार ने दो-चार लाख ज्यादा दिया भी तो वह इंस्पेक्टरों, डॉयरेक्टरों और मैं और तू के बाँट-बखरे में पड़ जाता है और मुदर्रिस ज्यों का त्यों भूखा रह जाता है। दुर्भाग्य से, सरकार का ख्याल है कि मुआइना ज्यादा होना चाहिए, चाहे तालीम हो या न हो। मुआइने पर रुपया खर्च किया जाता है मगर तालीम की खबर नहीं ली जाती। गवर्नमेंट कब यह समझेगी कि मुआइना कभी तालीम की जगह नहीं ले सकता।"

निरीक्षण के कार्य के लिए धनपतराय को इधर-उधर गाँवों में जाना पड़ता था। उनके लिए निरीक्षण का कार्य एक तरह से आजीविका का साधन मात्र था लेकिन यह निरीक्षण का कार्य उनके एक बहुत बड़े उद्देश्य की भी पूर्ति कर रहा था। यहाँ-वहाँ के परिवेश, लोगों का रहन-सहन, उनकी स्थिति, उनकी समस्याओं को अति निकट से देखने से एक लेखक की लेखन-प्रतिभा के लिए खाद-पानी मिल रहा था। अर्थात् इस कार्य से वे लोगों के अति निकट आए। लोगों के बीच रहकर वे किस्से सुनते, लोगों के दुःख-दर्द सुनते जिससे उन्हें समाज की सही तस्वीर अपने लेखों में उतारने का भरपूर मौका मिला।

निरीक्षक का कार्य अपने आप में बहुत रौबदार था। लोग उनकी बहुत इज़्ज़त करते। जहाँ वे जाते, वहाँ उनके खाने-पीने की व्यवस्था प्रारंभ हो जाती। फिर वे लोगों को समझाते कि इन सभी की आवश्यकता नहीं लेकिन लोग कहाँ मानने वाले थे! क्योंकि वे तो उनके लिए एक तरह से माई-बाप थे। वे जहाँ-जहाँ जाते, वहाँ की ऐतिहासिक स्थिति की जानकारी भी लेते। साथ ही वर्तमान में क्या स्थिति है, इसकी भी जानकारी लेते और यही सब उनके लेखन कार्य के लिए बहुत लाभदायक साबित हुए। क्योंकि जब तक कोई समाज के लोगों के बीच न बैठे, उनकी परेशानियों को नजदीक से न देखे, न समझे तो बिना इसके वह समाज की, देश की क्या तस्वीर प्रस्तुत करेगा? एक बंद कमरे में बैठकर लिखना तो कल्पना हो गई, उसमें सत्यता कहाँ। इसलिए धनपत राय ऐसे महान लेखक बने जिन्होंने समाज की वास्तविकता को लेखनी के माध्यम से सबके सामने प्रस्तुत किया। समाज से जुड़ी हुई उनकी लेखनी समाज के ऐसे ही हर एक व्यक्ति की कथा है जो आज भी वास्तविक प्रतीत होती है।

धनपत राय मदरसों की हालत भली-भाँति जानते थे लेकिन फिर भी उनका निरीक्षण कर उनके पक्ष में खाका तैयार कर प्रस्तुत करते जिससे सभी को सुख मिले, कोई दुःखी न हो क्योंकि वैसे ही इस परिस्थिति में लगभग सभी दुःखी थे। सभी की हालत तंगहाल थी। उनके विरोध में खाका तैयार करने पर वे उन्हें और मुसीबत में नहीं डालना चाहते थे। धनपत राय यह भी जानते थे कि उनसे ऊपर वाले भी दूध के धुले नहीं हैं। फिर इन गरीबों को और क्यों तंग किया जाए? बस उनके इसी स्वभाव के कारण उन्हें लोगों के बीच बहुत शोहरत मिली। साथ ही लोगों ने भी उन्हें समाज की वास्तविकता को नजदीक से देखने का मौका दिया। यदि वे अपने अहम में जीते तो लोगों की वास्तविक परेशानियाँ क्या हैं? समाज में क्या बुराइयाँ हैं? लोगों का रहन-सहन कैसा है? इन सभी को वे न तो इतने नजदीक से देख पाते और न ही अपनी लेखनी को ऐसा धारदार बना पाते कि वे आज भी साहित्यकारों में सर्वोपरि बने रहते।

●●●

अध्याय 4

नवाब राय से प्रेमचन्द

धनपतराय अब तक अपनी लेखनी से प्रसिद्धि पाते जा रहे थे। साथ ही उनकी लेखनी में वह धार आ गई थी जो सीधे लोगों के दिलों में उतरती थी।

वर्ष 1907 में उन्होंने 'ज़माना' में एक लेख प्रकाशित करवाया जिसमें उन्होंने इटली के एक देशभक्त गैरीवाल्डी के जीवन का वर्णन करते हुए बताया था कि किस प्रकार उसने गुलामी में जीवन बिताते हुए साहस का परिचय दिया। इस लेख में उन्होंने स्वदेशसेवा के विषय में लिखा– "स्वदेश की सेवा करना सहज काम नहीं है। उसके लिए ऊँचा हौसला, फौलाद की दृढ़ता, दिन-रात मरने-मिटने का अभ्यास और हर समय जान हथेली पर लिए रहने की आवश्यकता होती है। जब तक ये गुण स्वभाव में न समा जाएँ, स्वदेश सेवा का व्रत जुबानी ढकोसला है।"

इसके माध्यम से उन्होंने देशवासियों को स्वदेश की सेवा का सही मार्ग बताया। क्योंकि मात्र यह कह देने से कि 'मैं देशभक्त हूँ', काम समाप्त नहीं हो जाता। उसके लिए स्वयं को पूर्ण रूप से देश के लिए समर्पित करना पड़ता है, तभी देशभक्ति सही देशभक्ति है। अन्यथा अनेक ऐसे लोग जो चिल्लाकर कहते हैं कि 'मैं देशभक्त हूँ; मैं देश के लिए यह कर सकता हूँ, वह कर सकता हूँ; मेरे जैसा देशभक्त नहीं होगा।' लेकिन जब देश के लिए कुछ करने का समय आता है तब वही चिल्लाने वाले ऐसे गायब हो जाते हैं, जैसे गधे के सिर से सींग। ऐसी

दिखावे की देशभक्ति से क्या लाभ जो समय पर काम न आए। देशभक्ति का जज़्बा दिल से होता है, दिखावे से नहीं। जैसा कि धनपत राय ने लिखा—"जब तक यह गुण स्वभाव में न समा जाए, स्वदेश-सेवा का व्रत जुबानी ढकोसला है।" इस लेख के माध्यम से यही संदेश लोगों को दिया गया कि मात्र दिखावे से कार्य नहीं होने वाला। उसके लिए तत्परता से जुटना पड़ता है।

धनपत राय की तलाश

अत: धनपत राय अपनी कृतियों में देशभक्ति को पूर्ण रूप से स्थान दे रहे थे। इसी प्रकार की कहानियों का संग्रह 'सोज़े वतन' नाम से 1908 में प्रकाशित हुआ जिसकी कहानियों से भिनभिनाकर ब्रिटिश सरकार ने उसके लेखक की खोज प्रारंभ की। धनपत राय अभी तक नवाब राय नाम से कहानियाँ लिखते थे, जिसका ब्रिटिश सरकार को पता नहीं था कि जो उनकी नौकरी करता है वही धनपत राय अपनी लेखनी से देशभक्ति की लौ जला रहा है। अंतत: ब्रिटिश सरकार ने 'सोज़े वतन' के लेखक नवाब राय का पता लगा ही लिया और फिर धनपत राय उर्फ नवाब राय से पूछताछ की गई।

इस विषय में धनपत राय ने लिखा है–

"एक रात मैं अपनी रावटी में बैठा हुआ था कि मेरे नाम ज़िलाधीश का परवाना पहुँचा कि उनसे तुरंत मिलें। जाड़े के दिन थे। साहब दौरे पर थे। मैंने बैलगाड़ी जुतवाई और रातों-रात तीस-चालीस मील तय करके दूसरे दिन साहब से मिला। साहब के सामने 'सोज़े वतन' की एक प्रति रखी हुई थी। मेरा माथा ठनका। उस वक्त मैं नवाब राय के नाम से लिखा करता था। मुझे इसका कुछ-कुछ पता मिल चुका था कि खुफिया पुलिस इस किताब के लेखक की खोज में है। समझ गया, उन लोगों ने मुझे खोज निकाला है और उसी की जबावदेही करने के लिए मुझे बुलाया गया है।

साहब ने पूछा—"यह पुस्तक तुमने लिखी है?"

मैंने स्वीकार किया—"हाँ।"

साहब ने मुझसे प्रत्येक कहानी का आशय पूछा और अंत में

बिगड़कर बोले—"तुम्हारी कहानियों में 'सिडीशन' भरा हुआ है। अपने भाग्य को बखानो कि अंग्रेजी अमलदारी में हो। मुगलों का राज्य होता तो तुम्हारे हाथ काट लिए जाते। तुम्हारी कहानियाँ एकांगी हैं। तुमने अंग्रेजी सरकार की तौहीन की है...।" आदि।

फैसला यह हुआ कि मैं 'सोज़े वतन' की सारी प्रतियाँ सरकार के हवाले कर दूँ और साहब की अनुमति के बिना कभी कुछ न लिखूँ। मैंने समझा चलो सस्ते छूटे। एक हज़ार प्रतियाँ छपी थीं। अभी मुश्किल से तीन सौ बिकी थीं। शेष सात सौ प्रतियाँ मैंने 'ज़माना' कार्यालय से मँगवाकर साहब की सेवा में हाजिर कर दीं।

मैंने समझा था, बला टल गई, लेकिन अधिकारियों को इतनी आसानी से संतोष न हो सका। मुझे बाद में मालूम हुआ कि साहब ने इस बारे में ज़िले के अन्य कर्मचारियों से परामर्श किया। सुपरिन्टेंडेंट पुलिस, दो डिप्टी कलेक्टर और डिप्टी इंस्पेक्टर; जिनका मैं मातहत था–मेरी तकदीर का फैसला करने बैठे।

एक डिप्टी कलेक्टर साहब ने गल्पों से उद्धरण निकालकर सिद्ध किया कि इनमें आदि से अंत तक सिडीशन के सिवा और कुछ नहीं है और सिडीशन भी साधारण नहीं अपितु संक्रामक।

पुलिस के देवता ने कहा—"ऐसे खतरनाक आदमी को जरूर सख्त सज़ा देनी चाहिए।"

डिप्टी इंस्पेक्टर साहब (पंडित राजनारायण मिश्र) मुझसे बहुत स्नेह करते थे। उन्होंने मामले को जैसे-तैसे रफ़ा-दफ़ा करवाया।"

इस तरह नवाब राय नाम का अंत हुआ। लेकिन अब नवाब राय को एक नए नाम की तलाश थी ताकि वे अपना कार्य पुनः आगे बढ़ा सकें। परंतु इतना तय था कि नवाब राय की लेखनी से लोगों पर प्रभाव पड़ना प्रारंभ हो गया था जिसका जीता-जागता उदाहरण ब्रिटिश सरकार द्वारा उनकी 'सोज़े वतन' की प्रतियाँ जब्त किया जाना और बाद में उन्हें जला डालना था।

अब धनपत राय को एक सख्त हिदायत मिली कि जो वे लिखें, उसे ज़िलाधीश को दिखाएँ। अर्थात् उनकी आज्ञा के बिना कुछ भी प्रकाशित न किया जाए। वास्तव में नवाब राय के लिए यह एक मुसीबत

वाली बात थी। लिखना, फिर ज़िलाधीश को दिखाना। अब उनके पास जब समय हो तब वे उसे देखें। इसमें न जाने कितना समय व्यर्थ में बर्बाद होना था। इस तरह तो उनकी लेखनी दूसरे की मोहताज हो जाती। फिर जो भी लिखा जाता, वह उनका न होता; दूसरे की सोच, दूसरे की काट-छाँट उसमें सम्मिलित होती। धनपत राय ऊहापोह की स्थिति में थे। इस विषय को लेकर उन्होंने मुंशी दया नारायण को एक पत्र लिखा। उस पत्र के कुछ अंश इस प्रकार हैं–

"नवाब राय तो ग़ालिबन कुछ दिनों के लिए इस जहान से गए। दोबारा याददेहानी हुई है कि तुमने मुआहिदे में गो अखबारी मज़ामीन नहीं लिखे, मगर इसकी मंशा हर किस्म की तकरीर से था। गोया मैं कोई मज़मून ख्वाह किसी मज़मून पर—हाथी दाँत पर ही क्यों न हो— लिखूँ, मुझे पहले वह जनाब फैज़मआब (श्रीमान) कलेक्टर साहब बहादुर की खिदमत में पेश करना होगा और मुझे छठे-छमासे लिखना नहीं, यह तो मेरा रोज़ का धंधा ठहरा। हर माह एक मज़मून जनाबवाला की खिदमत में पहुँचेगा तो वे समझेंगे कि मैं अपने फराइज़े (सरकारी काम) सरकारी में ख्यानत करता हूँ। और काम मेरे सर पर थोपा जाएगा। इसलिए कुछ दिनों के लिए नवाब राय मरहूम हुए। उनके जानशीं (उत्तराधिकारी) कोई और साहब होंगे। आप मेरा मज़मून किताबत कराने के बाद मुंशी चिराग अली को दे दिया करेंगे।"

प्रेमचन्द नामकरण

अब आरंभ हुआ नवाब राय के उत्तराधिकारी की खोज का सिलसिला। लेकिन नवाब राय को यह भी दु:ख था कि इतने वर्षों में यह नाम लोगों की जुबान पर चढ़ गया था। अब उतनी ही मेहनत दूसरे नाम को 'नाम' देने में करनी पड़ेगी। लेकिन ऐसा करना भी आवश्यक था। इसी ऊहापोह में थोड़ा समय और व्यतीत हुआ। तत्पश्चात् मुंशी दया नारायण ने धनपत राय को 'प्रेमचन्द' नाम सुझाया और अब आगे इसी नाम से लिखने के लिए कहा।

नवाब राय को भी यह नाम बहुत पसंद आया और आगे उन्होंने इसी नाम से लिखने का निर्णय लिया। इस तरह धनपत राय नवाब राय

से प्रेमचन्द बने और उनका यह नाम उनकी असली पहचान बना। नवाब राय से प्रेमचन्द तक पहुँचने में उनकी ज़बरदस्त मेहनत छिपी थी।

धनपत राय का नामकरण प्रेमचन्द हो चुका था। अब प्रेमचन्द ने अपने इसी नाम से रचनाएँ लिखनी प्रारंभ कीं और इस नाम से उनकी पहली कहानी 'ज़माना' में 'बड़े घर की बेटी' 1910 के दिसम्बर माह में प्रकाशित हुई।

जलवए ईसार

वर्ष 1912 में उनका 'जलवए ईसार' नामक उपन्यास प्रकाशित हुआ। यह उपन्यास उर्दू में प्रकाशित हुआ था। इस उपन्यास का हिन्दी रूपांतरण लगभग नौ वर्ष बाद ग्रंथ भंडार मुम्बई से प्रकाशित हुआ।

इस उपन्यास में प्रेमचन्द ने भारत के ग्रामीणों की अंधविश्वास में विश्वास की स्थिति को स्थान दिया कि किस प्रकार लोग भूत, प्रेत, चुड़ैल आदि के चक्रव्यूह में फँसे हुए हैं। ऐसे भूत जिन्हें बोतल चढ़ानी पड़ती है, जिससे वे शांत होते हैं; कोई पूजा-पाठ से भागता है; कोई बलि लेता है। गाँव में कोई महामारी फैलती है तो उसका इलाज न करवाकर ओझा आदि की सहायता से उस बीमारी को दूसरे गाँव पर डाल दिया जाता है। और फिर एक संन्यासी इन अंधविश्वासों को दूर करता है।

लम्बी बीमारी

महोबा में रहते लिखते हुए प्रेमचन्द को चार वर्ष हो चुके थे। वे यहाँ अभी तक आराम से रह रहे थे। सबकुछ ठीक-ठाक था परंतु अचानक उनकी तबीयत खराब हो गई। तबीयत कैसे खराब हुई, प्रेमचन्द के शब्दों में–

"मैं हमीरपुर ही में था कि मुझे पेचिस की शिकायत हो गई। गर्मी के दिनों में देहातों में कोई हरी तरकारी नहीं मिलती थी। एक बार कई दिन लगातार सूखी घुइयाँ खानी पड़ीं। यों मैं घुइयों को बिच्छू समझता हूँ और तब भी समझता था लेकिन न जाने क्योंकर यह धारणा मन में हो गई कि अजवाइन से घुइयों का वादीपन जाता रहता है। खूब अजवाइन डालकर खा लिया करता। दस-बारह दिन तक किसी तरह का कष्ट न

हुआ। मैंने समझा, शायद बुंदेलखंड की पहाड़ी जलवायु ने मेरी दुर्बल पाचन-शक्ति को तीव्र कर दिया। लेकिन एक दिन पेट में दर्द शुरू हुआ और सारे दिन मैं मछली की भाँति तड़पता रहा। फंकियाँ खाईं मगर दर्द कम न हुआ। दूसरे दिन पेचिस हो गई। मल के साथ आँव आने लगी लेकिन दर्द जाता रहा।

एक महीना बीत चुका था। मैं एक कस्बे में पहुँचा तो वहाँ के थानेदार साहब ने मुझसे थाने ही में ठहरने और भोजन करने का आग्रह किया। कई दिन से मूँग की दाल खाते और पथ्य करते-करते ऊब चुका था। सोचा, क्या हर्ज है! आज यहीं ठहरो, भोजन तो स्वादिष्ट मिलेगा! थाने ही में अड्डा जमा लिया।

मैंने एहतियात से खाया। ज़मीकंद की तो मैंने केवल दो फाँकें खाईं। लेकिन खा-पीकर जब थाने के सामने दारोगा जी के फूँस के बंगले में लेटा तो दो-ढाई घंटे के बाद पेट में फिर दर्द होने लगा। सारी रात और अगले दिन भर कराहता रहा। सोडे की दो बोतलें पीने के बाद कै हुई तो जाकर चैन मिला। मुझे विश्वास हो गया, यह ज़मीकंद की कारस्तानी है। घुइयों से पहले ही मेरी कुट्टी हो चुकी थी। अब ज़मीकंद से भी बैर हो गया। तब से इन दोनों चीजों की सूरत देखकर मैं काँप जाता हूँ। दर्द तो फिर जाता रहा, पर पेचिस ने अड्डा जमा लिया। पेट में चौबीस घंटे तनाव बना रहता, अफरा हुआ करता। संयम के साथ चार-पाँच मील टहलने जाता, व्यायाम करता, पथ्य से भोजन करता, कोई-न-कोई औषधि भी खाया करता किंतु पेचिस टलने का नाम न लेती थी और देह भी घुलती जा रही थी। कई बार कानपुर आकर दवा कराई। एक बार महीने भर प्रयाग में डॉक्टरी और आयुर्वेद की औषधियों का सेवन किया, परंतु कोई फायदा नहीं हुआ।"

पेचिस के कारण प्रेमचन्द की हालत तो बिगड़ ही रही थी, साथ ही उनके काम पर भी अच्छा-खासा असर पड़ रहा था। जहाँ शरीर कमज़ोर होता जा रहा था, वहीं उत्साह भी ठंडा होता जा रहा था। लेकिन फिर भी वे अपनी ऊर्जा को बनाए रखने के प्रयास कर रहे थे और साथ ही महोबा से कहीं और स्थानांतरित किए जाने के प्रयास में लगे थे। 'ज़माना' के दया नारायण निगम से उनका पत्राचार जारी था। वे अपनी बीमारी के विषय में भी उन्हें अवगत कराते रहे।

प्रेम पच्चीसी

अब प्रेमचन्द 'प्रेम पच्चीसी' को प्रकाशित करने के लिए प्रयास कर रहे थे। जिसका पता उनके इस पत्र से चलता है जो उन्होंने 6 फरवरी, 1913 को दया नारायण निगम को लिखा था–

"मुझे यह सुनकर बड़ी खुशी हुई कि आपकी प्रेस अब अनकरीब जम जाएगी। जिल्दसाजी, कुतुबफरोशी की शाखें भी कायम होंगी। ईश्वर आपकी कोशिशों को सरसब्ज करें। प्रेम पच्चीसी इस प्रेस का पहला काम होगा। बीस किस्सों से ज्यादा हो गए हैं। दो अभी हमदर्द के दफ्तर में पड़े हैं। मालूम नहीं हमदर्द खुलेगा भी या ठंडा पड़ गया। बहरहाल, दो-तीन माह में पच्चीस किस्से जरूर हो जाएँगे। खर्च और नफे में मुझे निस्फ (आधे) का शरीक समझिए। नफे का जिक्र ही क्या, खर्च में आधे का साझेदार हूँ।"

●●●

अध्याय 5

पत्रों में बयान दर्दे-जीवन

यहाँ मुंशी प्रेमचन्द के कुछ प्रमुख पत्र दिए जा रहे हैं जो उनके जीवन के उतार-चढ़ाव एवं परिस्थिति को प्रदर्शित करते हैं-

यह पत्र उन्होंने 7 जून, 1913 को मुंशी दया नारायण निगम को लिखा था-

"मैं अपनी हालत खराब होने के बाइस (कारण) बिल्कुल अपाहिज हो गया हूँ। मेदा ज़रा सही हो जाए तो फिर कुछ काम करूँ। कानपुर मेरे प्रोग्राम में शामिल है और ग़ालिबन बनारस जाने से क़ब्ल (पहले) अगर आप मेरी रिहायश का कोई इंतज़ाम कर सकें तो मैं कानपुर ही में अपना मुआलिजा (इलाज) कराऊँ।"

"मालूम नहीं मेरी किताब की किताबत हो रही है अथवा नहीं। वराहे करम उसमें लग्गा लगाइए और धन्ना देने की जरूरत हो तो मुत्तला फरमाइए ताकि किताब के शाया होने की उम्मीद को दिल से निकाल दूँ, क्योंकि मुझे उस भलेमानस की तरह, जो आपके दफ्तर से अपनी किताब छपवाकर उठा था, इतनी फुर्सत कहाँ है। दिन गुजरते जाते हैं। अगर किताब उस वक्त निकली जब लोगों को यह ख्याल भी न रहेगा कि प्रेमचन्द कौन है तो उसके निकलने से क्या फायदा।"

यह पत्र मुंशी प्रेमचन्द ने बस्ती (उ.प्र.) से लिखा था जहाँ उनके प्रार्थना-पत्र पर बस्ती स्थानांतरण हुआ। वे चाहते थे कि कानपुर या रुहेलखंड लेकिन ऐसा न हो सका और उनका स्थानांतरण बस्ती में किया गया। वे वहाँ नए पहुँचे थे।

"मैं अपनी मौजूदा हालत के ऐतबार से रोजाना अखबार के लायक किसी तरह नहीं हूँ। मेरे लिए अब यह मुनासिब है कि किसी प्राइवेट स्कूल की मास्टरी कर लूँ, जहाँ से माहवार मिले। इसी के साथ-साथ 'ज़माना' और 'आज़ाद' की खिदमत करूँ। इस तरह मुझे साठ-सत्तर रुपए माहवार का औसत पड़ता जाए। इससे ज्यादा की ख्वाहिश नहीं और न इससे ज्यादा पा सकता हूँ। खामखाह तकदीर से क्यूँ लड़ूँ। कुछ किताबें लिखूँगा, कुछ अपनी किताबें छपवाऊँगा। पाँच सौ मेरी कमाई है, उसे इन्हीं कामों में सर्फ़ करूँगा और बिल आखिर अब लिटररी शोहरत हासिल कर सकूँगा तो कोई माहवार रिसाला निकालकर गुज़र करूँगा। और अगर इसके पहले ही हयात (ज़िंदगी) ने जवाब दे दिया तो फिर रामनाम सत्त है। क्या कहूँ, आपने मुझे उछालने में कोई कसर नहीं रक्खी। खूब उछाला। मगर मैं ही किस्मत का अंधा हूँ कि उछलकर परवाज़ (उड़ना) नहीं कर सकता बल्कि नीचे गिरने के लिए डरता हूँ वर्ना शिवव्रतलाल की तरह चैन से ज़िंदगी बसर करता। हकीकत यह है कि सेहत बड़ी चीज है। जिसने इसकी कद्र न की, उसके लिए बजुज रोने और सर धुनने के और कोई इलाज नहीं है। सारी दुनिया का सेनाटोजन फायदा करती है, मुझे इससे कुछ न हुआ। आपने चार-पाँच मील हवा खाने की सलाह दी है, उसकी तामील कर रहा हूँ। पाँच दिन से लगातार तीन-चार मील घूमता हूँ। उम्मीद है कि तबीयत टिचन (ठीक) होगी। कोई प्राइवेट स्कूल की मुदर्रिसी का चर्चा हो तो मेरा ख्याल रखिएगा क्योंकि मैं अब इससे बेज़ार हो गया हूँ।"

मुंशी प्रेमचन्द की बीमारी ने उन्हें तोड़कर रख दिया था। उनका स्वभाव भी बीमारी के कारण तब्दील होता जा रहा था। अब वे सरकारी नौकरी के इधर-उधर के स्थानांतरण से भी परेशान हो चुके थे और चाहते थे कि कहीं बैठकर साहित्य के लिए ही कार्य किया जाए। उनका रुझान अब अपने प्रकाशन की ओर हो रहा था। वे चाहते थे कि अब स्वयं कोई पत्र प्रकाशित करें।

मुंशी जी का स्थानांतरण बस्ती होने से पूर्व वे कुछ छुट्टी लेकर कानपुर पहुँचे और निगम साहब के साथ काम करने लगे। लेकिन छुट्टी समाप्त होने पर वे पुनः काम पर लौट गए जिसका निगम साहब को बुरा लगा

कि कुछ दिन काम किया और चले गए। मुंशी प्रेमचन्द को भी इसका आभास हो गया। जिसका उन्होंने अपने इस पत्र में उल्लेख किया–

"अताबनामा (क्रोध का पत्र) जिसे आपका इनायतनामा (कृपापत्र) कहना चाहिए, वसूल हुआ। कई दिन हो गए, सोचता रहा कि किन लफ्जों में जवाब दूँ, कैसे गुस्सा ठंडा क़रूँ! कुछ अकल ने काम न किया। न शेर-ओ-शायरी से मस है कि दो-चार बढ़िया शेर चस्पाँ कर दूँ। दिल ने यही फैसला किया कि तुम खतावार (दोषी) हो। मिज़ाजे यार में जो कुछ आवे, कहने दो और ज़बान बंद किए सुने जाओ। यह कहना कि मैं बेखता (निर्दोष) हूँ, ग़ालिबन आपके नज़दीक कोई माने नहीं रखता क्योंकि आपका गुरूर है कि आपके चंद अजीज भी मुलाजिमे सरकार हैं और आप कवाइद (नियमों) से वाकिफ हैं। मगर मुआफ कीजिएगा अगर मैं अर्ज करूँ कि आपने अपनी उम्र का सबसे बेशवहा (अनमोल) हिस्सा मेरी तरफ सरकारी मुलाजिमत से सर्फ किया होता तो आप इतनी बैखौफी से यह अल्फाज न लिखते। मैंने रुखसत लेने में कोई दक़ीका (उठा नहीं रखा) नहीं छोड़ा। दो दर्खास्तें दीं, तार दिया। दर्खास्तें दोनों बाद अज़ वक्त (देर से) दी गईं और दोनों मेरे पास रक्खी हुई हैं। बेशक मैंने मेडिकल सर्टिफिकेट देने की कोशिश नहीं की लेकिन मुझे वहाँ उसके मिलने की उम्मीद भी न थी। ऐसी हालत में मेरे जैसे ज़राए (साधन) का आदमी वजुज़ इसके और क्या कर सकता था कि रुख़सत लेने की कोशिश वह हदे इमकान (सामर्थ्य भर) करें और न मिल सके तो मज़बूरन व लाचारन अपनी नौकरी पर वापस आ जाए। आप ही फर्माइए, मुझे क्या गरज पड़ी थी, क्या दबाव था कि मैं पहले काम शुरू कर देता और तब भाग खड़ा होता? आपने मेरा गला नहीं दबाया था और न दबा सकते थे। आपने मुझे किसी समझौते के लिए मज़बूर नहीं किया, न मैंने कोई समझौता किया। मेरा माली फायदा था। फिर ऐसा कौन अम्र (बात) था जो मेरी बेदिली (अनिच्छा) का बाइस होता? हमीरपुर में मैं ऐसे वक्त पहुँचा जब मेरी रुख़सत तमाम होने वाली थी। मैं 13 की शाम को चला और इतवार का दिन था। डिप्टी इंस्पेक्टर दौरे पर। गरज हमीरपुर में ऐसा कोई शख्स न था जिससे मैं सलाह-मशवरा ले सकता क्योंकि हमीरपुर में मेरे जानने वाले गिनती के आदमी भी नहीं हैं। यहाँ भागा और

चार्ज लेने में तब भी एक दिन की देर हो गई। जिसका जवाब मुझको देना पड़ा। यह है मेरा बयान हलफी। अब दूसरे पहलू पर नज़र कीजिए। आपको मेरे भाग निकलने पर नाराज़ होने की जरूरत नहीं है क्योंकि जैसा अखबार आप चाहते हैं वह कम तनख्वाह और सफों में निकल सकता है और निकल रहा है। एक मामूली सेहत और मामूली लियाक़त का आदमी ऐसा अखबार निकाल सकता है जिसमें बहुत-सा ऑरिजिनल न लिखना पड़े।"

इस प्रकार पत्र के माध्यम से मुंशी प्रेमचन्द ने अपना पक्ष स्पष्ट किया।

इस पत्र के माध्यम से उन्होंने अपने इरादे स्पष्ट कर दिए थे कि वे स्वयं अब 'ज़माना' को चलाना चाहते हैं। उनका इरादा भी बिल्कुल पक्का था। उनका 10 अगस्त, 1915 को लिखा यह पत्र देखें–

"मैंने माली ज़िम्मेदारियाँ सब आप पर रक्खी हैं। इसकी वजह सुनिए। मेरे पास इन छः माह की रुख़सत के बाद आठ सौ रुपये हैं। तीन सौ रुपये मैंने तीन असामियों को अठारह फीसदी सूद पर कर्ज़ दे दिए हैं। मेरा नकदी सरमाया इस वक्त कुल पाँच सौ रुपया है। इसे मैं उस वक्त के लिए खुरश (खाने) का वसीला (साधन) समझता हूँ जब तक कि 'ज़माना' से मुझे कोई फायदा न हो और कौन जानता है, उस मुबारक वक्त के लिए कितने दिनों तक इंतज़ार करना पड़े।"

यह पत्र उन्होंने 14 सितम्बर, 1915 को लिखा–

"आपने मेरी निस्बत जो कुछ फर्माया है, वह बावजूद सही होने के हमदर्दी से खाली है। हरेक काम जो आप छेड़ना चाहते हैं उसमें रुपये की जरूरत पहले ही पड़ती है। रुपया न आपके पास है न मेरे पास। बताइए। काम क्यों कर चले। एंटरप्राइज खाली जेब से या महज हवाई बातों पर तो नहीं हो सकती। आप यह तसलीम करेंगे कि इंसान को इत्तफाकी ज़रूरियात के लिए पसमाँदा (बचत) रखना चाहिए। मेरे पास बस इतना ही है। इतना सरमाया नहीं जिससे कोई तिजारती मंसूबा बाँधा जाए। बस आप मुझसे ईसार (त्याग) का तकाजा करते हैं। मैं अपने को इस काबिल पाता नहीं। मेरे पास साठ रुपए माहवार का खर्च लगा हुआ है। वह किसी तरह गला नहीं छोड़ सकता। आप कोई ऐसी सूरत बताइए जिससे मैं रोटी हासिल करते हुए एंटरप्राइज खर्च कर सकूँ।

मैं तो अबकी ही रुख़सत लेकर आपके यहाँ गया था, मगर रंग अच्छा न देखा, माली मुश्किलात नज़र आई। इस वजह से खामखाह उलझना फिजूल समझा। अगर अब आपकी माली हालत बमुकाबले साबिक (पहले की अपेक्षा) बेहतर हो गई है तो आप मुझे बुलाइए, मैं हाजिर हूँगा और बाहमी मशविरे से कोई सूरत निकालेंगे।"

मुंशी प्रेमचन्द ने यह पत्राचार 'ज़माना' के मुंशी दया नारायण निगम से किया था। इन पत्रों में प्रेमचन्द जी के जीवन की गहराई छिपी हुई है जो उनके जीवन में चल रही उथल-पुथल को दर्शाते हैं।

●●●

अध्याय 6

हिन्दी लेखन की ओर झुकाव

वर्ष 1916 में मुंशी प्रेमचन्द ने इंटरमीडिएट की परीक्षा उत्तीर्ण की। इस समय उनकी उम्र 36 वर्ष थी। लेकिन पढ़ाई के लिए उम्र का कोई बंधन नहीं। बस शिक्षा ग्रहण करने के प्रति मन में लगन होनी चाहिए।

मुंशी प्रेमचन्द उर्दू में लिखते आ रहे थे, लेकिन अब उनका झुकाव हिंदी में लिखने की ओर हुआ। उन्होंने अपना मन भी बना लिया। क्योंकि हिन्दी में लिखने में उन्हें आशाएँ अधिक और परेशानियाँ कम दिख रही थीं क्योंकि उर्दू की किताबों को उन्हें छपवाने के लिए स्वयं भी आर्थिक योगदान देना पड़ता था जबकि यहाँ स्थिति वैसी नहीं थी।

इम्तयाज अली 'ताज' दारुल इशाअत नामक प्रकाशन के मालिक थे और वह 'कहकशाँ' पत्रिका का प्रकाशन करते थे। वे लाहौर के थे। मुंशी प्रेमचन्द भी 'कहकशाँ' के लिए लिखते रहते थे।

एक बार प्रेमचन्द ने 'कहकशाँ' के लिए एक कहानी लिखी। इत्तफ़ाक़ से वह कहानी इम्तयाज अली 'ताज' के उस विचार से मेल खा गई जिस पर ताज साहब स्वयं भी लिखने वाले थे। लेकिन मुंशी जी की कहानी के बाद ताज साहब ने अपनी कहानी नहीं लिखी। जब मुंशी जी को इसकी जानकारी हुई तो उन्होंने इम्तयाज़ अली 'ताज' को पत्र लिखा–

"मज़ामीन का मुझे अफसोस इसलिए है कि आपका किस्सा अधूरा रह गया और खुशी इसलिए कि हमारे दरमियान कोई रुहानी अथवा वातिनी (आंतरिक) ताल्लुक जरूर है वर्ना औरों को वही बातें क्यों नहीं सूझतीं।

पर आप अपना किस्सा तमाम करें। हर गुलेरा रंग ओ बू दीगर (हर फूल का रंग और गंध अलग) होती है। मेरा वज़ाओ-कतां (रहन-सहन), शक्ल-ओ शबाहत (शक्ल-सूरत) के मुताल्लिक आपने जो कयास किया है उससे रुहानी ताल्लुक का गुमान और पुख्ता हो जाता है। बेशक मेरा सिन चालीस साल है। मैं बंद कालर का कोट और सीधा पाजामा पहनता हूँ और पगड़ी पहनता हूँ। एक पूरबी आदमी का पहनावा फेल्ट कैप है। आपने पगड़ी का गुमान क्यों किया? क्या आपको इलहाम हुआ है? मैं अपने मुसल्लमाँ (पक्के) उसूलों के खिलाफ अपना एक फोटो भी इरसाले खिदमत करता हूँ। इस शर्त पर कि वह बाद मुलाहिज़ा वापस कर दिया जाए और या अगर आप बतौर एक दोस्त की यादगार के रखना चाहें तो उसका किसी आर्टिस्ट से एक बड़े पैमाने में बस्ट बनवा लें।"

उनके इस पत्र से स्पष्ट झलकता है कि प्रेमचन्द और ताज की जान-पहचान केवल पत्रों तक ही सीमित थी। उनकी आमने-सामने कभी मुलाकात नहीं हुई थी। मुंशी जी ने उपर्युक्त पत्रानुसार अपनी एक फोटो 'ताज' साहब को तो प्रेषित कर ही दी थी। अत: वे स्वयं भी अब चाहते थे कि ताज साहब से मुलाकात हो अथवा उनकी फोटो ही उन्हें मिले जिससे वे अपने इस अजनबी मित्र की शक्ल तो देख सकें।

सेवासदन

प्रेमचन्द हिन्दी लेखन में तेज़ी से पैर जमा रहे थे। वर्ष 1919 में उनका पहला हिन्दी उपन्यास 'सेवासदन' प्रकाशित हुआ। प्रेमचन्द के इस उपन्यास ने उन्हें चारों ओर प्रसिद्ध कर दिया। यह उपन्यास लोगों को इतना पसंद आया कि जितनी प्रतियाँ छपीं, वे सभी हाथोंहाथ बिक गईं। प्रेमचन्द की आशाएँ फिर जागृत हो उठीं। उनका उदास मन, उदास उत्साह में पुन: नए रक्त का संचार हो गया।

इस उपन्यास को प्रकाशित करवाने के लिए प्रेमचन्द ने 'कहकशाँ' के जनाब इम्तयाज़ अली 'ताज' को भी लिखा था। उस पत्र के प्रमुख अंश–

"आप इतनी बड़ी किताब प्रकाशित कर सकें तो मैं साफ करना शुरू कर दूँ वर्ना अभी गर्मी की तातील तक मुल्तवी रखूँ।"

लेकिन ताज साहब इसके उर्दू में प्रकाशन के लिए अभी कोई निर्णय नहीं ले पाए थे जिससे मुंशी प्रेमचन्द का भी परेशान होना लाज़मी

था। अब यह उपन्यास हिन्दी में आ चुका था। चारों ओर तहलका भी मचा चुका था। साथ ही अन्य दूसरी भाषाओं में निकलने वाला था। अतः प्रेमचन्द चाहते थे कि अब यह उर्दू में भी निकल जाए। इसलिए वे क़शमक़श में थे। अंततः उन्होंने जनाब ताज साहब को 22 अप्रैल, 1920 को पुनः पत्र लिखा–

"......मुझे पहले एडीशन के लिए ढाई सौ रुपए अता फरमाएं। हिन्दी में मुझे पाँच सौ रुपए मिले थे। गुजराती एडीशन के मुझे सौ रुपए मिले। आप जिस तरह चाहे फैसला करें। ढाई सौ रुपए ग़ालिबन जरूरत से ज्यादा मतालबा (माँग) नहीं है। मेरी डेढ़ साल की मेहनत और खाम:फ़ुर्साई (कलमघिसाई) का नतीजा यह किताब है। अगर ये सब शर्तें आपको नागवार मालूम हों तो अपनी मर्जी के मुताबिक किताब शाया (प्रकाशित) करके मुझे जो चाहे दे दें। मैं आपका मशकूर हूँगा। मुझे यह सख्त ज़िल्लत मालूम होती है कि अपनी किताब के लिए प्रकाशकों की खुशामद करता फिरूँ।"

इस पत्र में मुंशी प्रेमचन्द का जोश और रुआब स्पष्ट झलकता है। इसे रुआब कह लें या उनकी खुशी। क्योंकि हिन्दी में उनके 'सेवासदन' के धूम मचाने के बाद उनके शब्दों में वज़नदारी आ गई थी। सच है, एक लेखक के लिए यह अच्छी बात भी है कि उसका लेखन दिन दूनी, रात चौगुनी तरक्की करे। और 'सेवासदन' द्वारा मचाए गए तहलके ने तो मुंशी प्रेमचन्द की नैया को, जोकि लहरों पर डाँवाडोल हो रही थी, पार लगाया था। अपने इस जोश को वे अपने पुराने मित्र 'ज़माना' के मुंशी दया नारायण निगम के साथ कैसे न बाँटते। अतः 25 अक्टूबर, 1919 को उन्होंने पत्र लिखा–

"सरस्वती जुबान पर नहीं खोपड़ी पर सवार है। लक्ष्मी दरवाजे पर नहीं बालाए बान बैठी हुई है। दाना दिखाता हूँ, बुलाता हूँ पर उतरने का नाम नहीं लेती। किस्से मैं शायद लिखूँ या न लिखूँ, आजकल 'बाज़ारे हुस्न' का गुजराती तर्जुमा शाया हो रहा है। हिन्दी में लोग इसे बेहतरीन नाविल ख्याल करते हैं। कहानियों का तर्जुमा बँगला जुबान में हो रहा है। हिंदी में पब्लिशर खूब हैं। किताब की इशाअत में कोई रुकावट नहीं हुई।"

इस उपन्यास की तारीफ में पत्रों में भी खूब समालोचानाएँ निकलीं। एक तरह से इस हिन्दी उपन्यास ने मुंशी प्रेमचन्द को एक नई

पहचान दी, जितनी उन्हें उर्दू में भी नहीं मिल पाई थी और जिसकी उन्हें लम्बे अर्से से तलाश थी।

कुछ समय पश्चात् हिन्दी का यही उपन्यास सेवासदन 'बाज़ारे-हुस्न' नाम से उर्दू में प्रकाशित हुआ। वैसे 'सेवासदन' उपन्यास पहले उर्दू में ही प्रकाशन के लिए लिखा गया था लेकिन हिंदी में पहले प्रकाशित हुआ। जहाँ हिन्दी में इस उपन्यास ने तहलका मचाया वहीं दूसरी और उर्दू में 'बाज़ारे-हुस्न' नाम से प्रकाशित होने पर यह उतना प्रसिद्ध न हो सका।

उन्हीं दिनों युद्ध से संबंधित एक अखबार 'वार जरनल' निकलने वाला था। दया नारायण निगम भी उस अखबार की सभा के सदस्य थे। अतः उन्होंने मुंशी प्रेमचन्द को इस अखबार के उर्दू से संबंधित कार्य को सँभालने के लिए पत्र लिखा, लेकिन प्रेमचन्द ने असमर्थता प्रकट कर बात को टाल दिया।

प्रथम विश्व-युद्ध पर उद्‌गार

यह समय स्वतंत्रता आंदोलन का था। अंग्रेजों की नाक में दम होने के बाद भी वे बर्बरता बरतते जा रहे थे। कहाँ क्या हो रहा है, उसकी खबर मुंशी प्रेमचन्द को थी। इस समय प्रेमचन्द बी.ए. की परीक्षा दे रहे थे। अभी नवम्बर 1918 में प्रथम विश्व युद्ध भी समाप्त हुआ था और प्रेमचन्द ने 'स्वदेश' नामक साप्ताहिक की संपादकीय में युद्ध से संबंधित विवरण लिखा। उसके कुछ अंश इस प्रकार हैं–

"वास्तव में इस युद्ध में अगर किसी की जीत हुई है तो वह है जनता की जीत। इस युद्ध ने जनता के लिए वह कर दिया है जो फ्रांस की राज्य क्रांति ने भी नहीं किया था। इस युद्धरूपी क्षीर सागर को मथने से दूसरा फलरत्न यह निकला है कि अब निर्बल जातियों को शक्तिसंपन्न जातियों का आहार नहीं बनने दिया जाएगा। अब तक शक्तिशाली जातियाँ निर्बल को अपना खाद्य समझती थीं। जिसकी लाठी उसकी भैंस का सिद्धांत सर्वमान्य था। पौलैंड अपनी इच्छा के विरुद्ध देशों का ग्रास बना हुआ था। सर्बिया पर आस्ट्रिया के दाँत थे। राज्य-विस्तार की धुन में इस बात की रत्ती भर भी परवाह न की जाती थी कि जिन पर हम अधिकार जमाना चाहते हैं वास्तव में उनकी अपनी इच्छा क्या है। विजयी राजा अथवा साम्राज्य को अधिकार था कि परास्त देशों के जिस भाग को चाहे, हड़प बैठें। यहाँ तक धाँधली होती

थी कि दहेजों में राष्ट्रों के वारे-न्यारे हो जाते थे। परंतु अब इस दुरव्यवस्था का संशोधन हो रहा है। अब भविष्य में राष्ट्रों के साथ वस्तुओं या पशुओं के समान व्यवहार नहीं किया जाएगा। प्रत्येक जाति को इस बात का अधिकार होगा कि वह अपने भाग्य का आप निर्णय करे। जिस साम्राज्य के अधीन रहना चाहे, रहे। और उसकी इच्छा हो तो स्वयं अपना राज्य शासन करे। हम नहीं कह सकते कि इस प्रथा का क्या फल होगा। संभव है संसार अंसख्य छोटे-मोटे राज्यों में विभक्त हो जाए। पर कुछ भी हो उसका फल इतना अवश्य होगा कि राज्य विस्तार की कुचेष्टा का लोप हो जाएगा। निर्बल जातियाँ भी नि:शंक अपना जीवन निर्वाह कर सकेंगी।"

मुंशी प्रेमचन्द सरकारी स्कूलों में पढ़ाते-पढ़ाते थक गए थे। वहाँ एक तरह से गुलामी थी। अब वे चाहते थे कि किसी भी निजी स्कूल में हैड मास्टर के पद पर कार्य किया जाए ताकि वहाँ बैठकर लेखन का कार्य भी हो जाए। परंतु वे सरकारी स्कूल तभी छोड़ना चाहते थे जब उन्हें हैडमास्टरी का पद मिले। क्योंकि उनके साथ पूरा परिवार था। कानपुर के एक डी.ए.वी. स्कूल में हैडमास्टरी की जगह निकलने पर उन्होंने दया नारायण निगम को इसके विषय में लिखा लेकिन कुछ काम नहीं बना। तत्पश्चात् उन्हें एक अन्य स्कूल में सहायक मास्टर के रिक्त पद का पता चला। परंतु वे अपनी खुद्दारी को कायम रखे हुए थे। उनका कहना था-'मैं तो केवल हैडमास्टरी ही करूँगा, सहायक के पद पर काम नहीं करूँगा, भले ही वेतन अधिक मिले।" और उन्होंने वह नौकरी नहीं की।

प्रेस लगाने का जुनून

अभी भी मुंशी प्रेमचन्द के मन में अखबार चलाने की टीस कायम थी। उनकी इस इच्छा का पता उनके इस पत्र से चलता है जो उन्होंने मुंशी दया नारायण निगम को लिखा-

"अखबारनवीसी की तरद्दुदात की बर्दाश्त का ख्याल मारे डालता है। मास्टरी में वह गर्मिए शोहरत न सही, रोज़ी तो चलती है। अगर कानपुर आ गया तो हम और आप मिलकर कुछ काम क़र सकेंगे। वर्ना इसकी और क्या सूरत है?"

परंतु दया नारायण निगम से संतुष्टि भरा जवाब न पाकर प्रेमचन्द ने उन्हें पुन: एक पत्र 24 अप्रैल, 1919 को लिखा। उनके इस पत्र से

मायूसी झलक रही थी। ऐसा लगता था कि वे अपने जीवन से उकता-से गए हैं। उनका वह पत्र–

"आप फरमाते हैं कि तुम्हारी लाइन अलग है यह नहीं है। मैं तसलीम करता हूँ। मगर चारा क्या है? मैं कुर्बानी को अपनी ज़ात तक रखना चाहता हूँ, अयाल को इस चक्की में पीसना नहीं चाहता। फिलहाल मेरी रोटियाँ मिली जाती हैं। कुछ लिटरेरी काम कर लेता हूँ। यह कुर्बानी है। खुदा और दुनियाए दूँ, कौम और ज़ात–दोनों को साथ लिए हुए हूँ। मैं लिटरेरी काम को थोड़ी कुर्बानी नहीं समझता। जो शख्स अपनी फालतू आमदनी का एक हिस्सा किसी मदरसे के लिए खैरात कर देता है, वह हमारी कुर्बानी का सही अंदाज़ नहीं कर सकता, जो अपने ऊपर सोना तक हराम कर लेती है। आपने मेरे लिए कोई ऐसी तजवीज़ नहीं निकाली जिसमें फिक्रेमआश (जीविका की चिंता) से आज़ाद होकर मैं ज़िंदगी काटता। मैं अर्ज कर चुका कि इससे ज्यादा नपसकुशी (आत्मबलिदान) मेरे इमकान (संभावना) से बाहर है और आपने जब कभी कोई तजवीज़ की तो वही हवाई। आकाशी। आकाशी मआश से मुझे इत्मीमान नहीं होता। जरूरियात के लिए मुस्तकिल सूरत चाहिए, तकल्लुफ़ात के लिए आकाशी सूरत हो तो मुज़ायका नहीं। मुझे फिलहाल सौ रुपए मिल जाते हैं। अगर साल में एक नाविल लिखूँ तो शायद चार-पाँच सौ रुपए मिल जाएँ। इस तरह से मैं अपने पसमाँदगान (बच्चों) के लिए दस साल में शायद चार-पाँच हज़ार छोड़ कर मरूँ। अखबारी ज़िंदगी में किस कदर तो फिक्र और झंझट, उस पर पचास-साठ रुपए से ज्यादा कोई देने वाला नहीं। अभी हमारे यहाँ वह ज़माना नहीं आया कि जर्नलिज्म (पत्रकारिता) को कैरियर बनाया जा सके। आप 'लीडर' की तरह कोई कम्पनी कायम करें। वह माहवार रिसाला, रोज़ाना अखबार निकाले। कारकुनों को माकूल तनख्वाह दे। तब देखिए, मैं कितनी खुशी से दौड़ता हूँ। मगर यहाँ तो यह हाल है कि 'अवध' अखबार भी ग्रेजुएट मुतरज्जिम (अनुवादक) तलाश करता है तो उसकी तनख्वाह सौ रुपए बतलाता है। मैं अगर इम्तहान में (बी.ए. की परीक्षा दी थी) पास हो गया तो किसी एडेड स्कूल में 125/- का हैडमास्टर हो जाऊँगा। वहाँ गोशए आफ़ियत में बैठा हुआ अपना कलम घिसता रहूँगा। साल में एक किस्सा जरूर लिख डालूँगा। यही कौमी खिदमत

होगी। मज़ामीन जो कलम से निकलेंगे, वह भी खिदमत ही के मद में डालिए। अगर आप इससे बेहतर कोई सूरत निकाल सकते हैं तो मैं हाजिर हूँ वरना मुझे अपने ढर्रे पर चलने दीजिए। क्या हौसला अखबार और लिटरेरी काम का हो। प्रेमपचीसी हिस्सा अव्वल को छपे हुए चार साल हुए मगर अभी तक निस्फ (आधी) पड़ी हुई है। हिस्सा दोम की मुश्किल से 150 जिल्दें बिकीं। मैं इससे बेहतर नहीं लिख सकता।"

बेटे की मृत्यु से व्यथित

मुंशी जी पर तो मुसीबतें जैसे मुँह बाए बैठी थीं। उनका दूसरा पुत्र मुन्नू काली चेचक के कारण मात्र ग्यारह माह में ही खत्म हो गया। उसका जीवन इतना ही था। शिवरानी देवी तो इससे बेहाल हो गई थीं। मुंशी जी ने अपने पुत्र की यादों को भुलाने के लिए उसके सारे सामान को नष्ट कर दिया और जिस कमरे में उसे रखते थे, उसे ताला लगाकर उसकी चाबी फेंक दी। बाद में, उन्होंने वह कमरा नौ महीने के बाद खोला था। परंतु इन सबसे क्या होता। उसकी यादों को तो मन से निकालकर नहीं फेंका जा सकता था! कुछ समय बाद मुंशी जी स्वयं बीमार होकर खाट पर लेट गए। पेचिस उनकी पुरानी बीमारी थी जो ठीक नहीं हुई थी। अपने मित्रों की सलाह पर उन्होंने जल चिकित्सा प्रारंभ की। उसका परिणाम वे स्वयं बताते हैं–

"तीन-चार माह के स्नान और पथ्य का मेरे दुर्भाग्य से यह परिणाम हुआ कि मेरा पेट बढ़ गया और मुझे चलने में भी दुर्बलता महसूस होने लगी। एक बार कई मित्रों के साथ मुझे एक ज़ीने पर चढ़ने का अवसर मिला, और लोग धड़धड़ाते हुए चले गए, पर मेरे पाँव ही न उठते थे। बड़ी मुश्किल से, हाथों का सहारा लेते हुए ऊपर पहुँचा। समझ गया, अब थोड़े दिनों का और मेहमान हूँ। जल चिकित्सा बंद कर दी।

एक दिन संध्या समय उर्दू बाज़ार में श्रीदशरथ प्रसाद द्विवेदी संपादक 'स्वदेश' से मेरी भेंट हो गई। कभी-कभी उनसे भी साहित्य चर्चा होती रहती थी। उन्होंने मेरी पीली सूरत देखकर खेद के साथ कहा– "बाबूजी! आप तो बिल्कुल पीले पड़ गए हैं, कोई इलाज कराइए।"

मुझे अपनी बीमारी का जिक्र बुरा लगता था। मैं भूल जाना चाहता था कि मैं बीमार हूँ। जब दो-चार महीने ही का ज़िंदगी से नाता है तो क्यों

न हँसकर मरूँ। मैंने चिढ़कर कहा, "मर ही तो जाऊँगा भई, या और कुछ। मैं मौत का स्वागत करने को तैयार हूँ।"

मरने की बातें अधिक

मुंशी जी के अधिकतर पत्रों से यह प्रकट होता है कि वे मरने की बातें अधिक लिखते थे; वे ऐसा न जाने क्यों सोचते थे। इसका संभवत: यही कारण हो सकता है कि वे तंगहाली की ज़िंदगी और अपने पुत्र की मृत्यु से तंग आ चुके होंगे। लेकिन उनकी दिली इच्छा थी कि वे प्रकाशन का कार्य करें। प्रेमचन्द के छोटे भाई महताब राय कोलकाता की एक प्रेस में कार्य कर रहे थे। वह प्रेस बिकने वाला था और प्रेमचन्द उसे लेने के लिए प्रयासरत थे।

महताब राय भी उसे खरीदना चाहते थे। उन्होंने प्रेमचन्द से सहायता के लिए लिखा। जिसके लिए वे सहर्ष तैयार हो गए, परंतु शिवरानी देवी ने पैसे देने से मना कर दिया। मुंशी जी ने इस संबंध में महताब राय को दो पत्र लिखे जिनसे पूरी स्थिति स्पष्ट हो जाती है–

"तुम्हारा खत मिला। पढ़कर खुशी भी हुई, रंज भी हुआ। खुशी इसलिए हुई कि तुम्हारे दिल में बरादराना मुहब्बत के ऐसे ऊँचे भाव मौजूद हैं, रंज इसलिए कि तुमने मेरी बातों का मंशा गलत समझा। मैंने पोद्दारजी को जो खत लिखा है उसमें मेरा मंशा सिर्फ यही है कि मैं श्रीपतराय (प्रेमचन्द के पुत्र) के नाम से साझा चाहता हूँ, अपने या तुम्हारे नाम से नहीं। हम और तुम अपनी फिक्र कर सकते हैं और बच्चे ही के आइन्दा के ख्याल से यह सब इंतज़ाम करने की फ़िकर है। इसलिए वही साझेदार भी रहे। चूँकि तुम वहाँ मौजूद हो और तुम्हारी निगरानी में उसकी जायदाद रहेगी, इसलिए तुम गोया उसकी जायदाद के ट्रस्टी और गार्जियन हो। मैं क्या, अगर सब रुपया तुम्हीं देते तब भी मैं यही कहता कि साझा श्रीपत राय के नाम से हो, क्योंकि मैं जानता हूँ कि तुम्हारे दिल में मेरे और मेरे बच्चों की निस्बत ऐसे ऊँचे खयालात हैं। मैं हमेशा तुम्हारी सआदतमंदी की तारीफ़ किया करता हूँ। अगर मैं जानता कि तुम इस बात के क़हने से इतने बदगुमान हो जाओगे तो हरगिज़ न लिखता। अगर तुम्हारा बच्चा होता तो मैं इस साझे को अपने और तुम्हारे बच्चे दोनों ही के नाम से लेता और अगर ईश्वर ने ज़िंदगी बाकी रखी तो मैं इसे साबित कर दूँगा।

हाँ, एक बात जरूर है, चूँकि मेरे घर में भी औरत है और तुम्हारे घर में भी औरत है, मैं यह नहीं चाहता कि खुदा न खास्ता अगर मेरी ज़िंदगी वफ़ा न करे तो औरतों में तानाज़नी हो और एक-दूसरे पर रोब या सख्ती जताएं। मैं यह साफ़ कर देना चाहता हूँ कि मैं अपने लड़के के लिए जो कुछ करता हूँ वह सब अपनी कूवते बाजू से करता हूँ। महज़ तुम्हें इस बात का मौक़ा देने के लिए कि तुम अपनी सआदतमंदी का इज़हार कर सको, मैं कलकत्ते के कारोबार में शरीक होने पर राजी हूँ।

एक और बात याद रखो। तुम्हारा दिल, मैं जानता हूँ, बहुत साफ है। परंतु औरतों का दिल अक्सर तंग-ख्याल होता है। तुम्हारी बीवी को गालिबन मालूम हो कि तुम रुपया क़र्ज ले रहे हो महज़ इसलिए कि श्रीपत राय के नाम से प्रेस खरीदो तो वह इसे हरगिज़ पसंद न करेगी। इन सब बातों का खयाल करके मैंने यही इरादा किया कि रुपया सब मेरा हो जो मैंने अपनी मेहनत से वसूल किया हो। वह तुम्हारी निगरानी में लड़के के नाम से लगा दिया जाए। गोया तुम उसकी जायदाद के ट्रस्टी रहो। और जब तुम भी साहबे औलाद हो जाओ—ईश्वर करे कि मैं वह मुबारक दिन देखूँ—तो हर एक जायदाद में दोनों भाइयों की औलादें बराबर हिस्सेदार रहें, दोनों के साथ-साथ नाम चढ़ें। इसलिए तुम्हारे दिल में, मेरे इस खत से ज़रा भी मलाल हो तो उसे निकाल डालो।"

दूसरा पत्र–

"आज फिर तुमसे कुछ मशवरा करना चाहता हूं। दशहरे में आ जाओ तो सब बातें मुफ़स्सल तय हो जाएँ। यहाँ मेरे दोस्तों की और घरवालों की राय कलकत्ता में प्रेस करने की नहीं होती, और मैं भी इसमें कोई ज़्यादा फ़ायदा नहीं देखता। मैं यह चाहता हूँ कि तुम किसी नए प्रेस की तलाश में रहो जिसमें टाइप, ट्रेडल मशीन वग़ैरह सब सामान मुकम्मल मौजूद हो। अगर सेकंड हैंड न मिल सके तो कलकत्ता की किसी फ़र्म से नये सामान का ऑर्डर करो। बस, कोशिश यह होनी चाहिए कि बजट पाँच हज़ार से ज्यादा न होने पाए। बनारस में भी सुराग़ लगाता हूँ। यहाँ अभी हाल ही में दो आदमी बनारस से सामान लाए हैं और खूब अरज़ाँ (सस्ता)। फ़ैजाबाद का ताल्लुक़ेदार प्रेस बिक रहा है। तीन हज़ार में सब सामान मिलता है। मुंशी गुलहज़ारीलाल से दर्याफ़्त किया है। देखूँ, क्या

जवाब आता है। अब इसी इरादे को मुस्तकिल समझो। तुम्हारे कलकत्ता रहने से मुझे ऐसा मालूम होता है कि मैं बिल्कुल अकेला हूँ। मुझे हमेशा एक मददगार की जरूरत मालूम होती है। मेरी सेहत कुछ अच्छी मालूम होती थी। लेकिन अब फिर ज्यों की त्यों हो रही है। जल चिकित्सा से भी कोई फायदा नहीं हुआ। ऐसी हालत में मेरी दिली आरजू यह है कि बनारस में तुम्हारे मुस्तकिल रहने का इंतज़ाम हो जाए ताकि तुम हर हालत में घर को सँभाल सको। खुदा न खास्ता मैं न रहा तो तुम्हें कितनी मुश्किल पड़ेगी। तुम रहोगे कलकत्ता, मेरे बाल-बच्चे रहेंगे बनारस, कुछ भी न हो सकेगा।

अब तुम्हें पाँच हज़ार रुपए मिल सकते हैं। उसकी फ़िकर नहीं। मार्च-अप्रैल तक अगर प्रेस का इंतज़ाम हो जाए तो मई-जून में हम लोग मकान वगैरह लेकर बनारस में जम जाएँ। ऐसा मकान लिया जाए कि उसमें प्रेस भी रहे और तुम भी रहो। मेरे बच्चे कभी बनारस रहें, कभी मेरे साथ। छुट्टियों में मैं भी बनारस आया करूँ और कुछ तुम्हारी मदद किया करूँ। साल-छः महीने में जब काम चल निकले तो मकान बनवाना शुरू कर दिया जाए। तुम एक साइकिल ले लो और अपनी निगरानी में मकान बनवाओ। इस तरह आइंदा का इंतज़ाम पूरा हो जाएगा और मुझे इत्मीनान हो जाएगा कि मैं कच्ची गृहस्थी छोड़कर नहीं मरा। बनारस में चाहे नफ़ा कुछ कम भी हो लेकिन मुझे यह इत्मीनान रहेगा कि मेरे बाद खानदान भूखों नहीं मरेगा और इज़्ज़त के साथ निबाह होता जाएगा। यह भी मुमकिन है कि मैं बनारस तबादला करा लूँ। तब तो चैन ही हो जाएगा। हम दोनों साथ रहेंगे और एक-दूसरे की मदद करते रहेंगे। जो कुछ अपने पास रुपया होगा वह कारोबार बढ़ाने में खर्च करेंगे और मुमकिन होगा तो दस-पाँच बीघा ज़मीन ले लेंगे ताकि एक हल की खेती का भी आसानी से इंतज़ाम हो जाए। खाने को गल्ला घर पर हो जाए, दीगर मसारिफ़ के लिए प्रेस से आमदनी हो जाए।

दशहरे में आओ, ज़रूर आओ, इस बारे में और भी सलाह हो जाएगी। लेकिन अब अपनी सेहत की हालत देखते हुए मैं तुम्हारा कलकत्ता रहना पसंद नहीं कर सकता। अप्रैल में तुम्हें हमेशा के लिए कलकत्ता छोड़ना पड़ेगा, अगर गृहस्थी और खानदान की तुम्हें फ़िकर है। बस यही मेरा आखिरी फ़ैसला है, अब इसमें किसी किस्म का रद्दोबदल नहीं करूँगा।

तुम खुद इसका फैसला कर सकते हो कि प्रेस के लिए नया सामान खरीदना बेहतर होगा या सेकंड हैंड। क्या-क्या सामान दरकार होंगे, इस बारे में फिलहाल मुझे कोई तजुर्बा नहीं है।"

सरकारी नौकरी को अलविदा

अंतत: कलकत्ता की प्रेस खरीदने की बात समाप्त हुई और प्रेस का विचार पुन: स्थगित हो गया लेकिन टीस समाप्त नहीं हुई। मुंशी जी का मन प्रकाशन में ही उलझा हुआ था। वे सरकारी नौकरी से उकता चुके थे और यह विचार बना चुके थे कि अब सरकारी नौकरी से राम-राम कर ली जाए। अंतत: उन्होंने पत्नी शिवरानी देवी से विचार-विमर्श किया और कहा कि अब तो सरकारी नौकरी से उकता गया हूँ। अत: नौकरी छोड़ दूँ। शिवरानी ने दो-चार दिन तक मंथन किया। फिर नाजुक परिस्थितियों के होते हुए भी मुंशी जी की फिक्र व उनकी खुशी को देखते हुए उन्होंने आखिरकार नौकरी छोड़ने के लिए कह ही दिया। तब मुंशी जी ने उन्हें सारी परिस्थितियाँ बताईं कि आगे और तंगी आ सकती है। सरकारी मकान तुरंत छोड़ना पड़ेगा। लेकिन शिवरानी ने सहमति दे दी।

मुंशी प्रेमचन्द ने 21 वर्ष तक सरकारी नौकरी की और 15 फरवरी 1921 को इसे अलविदा कह दिया। अब उनके दिल में एक ही ख्याल था कि प्रकाशन का कार्य किया जाए।

मुंशी जी के जीवन की उथल-पुथल, खुशी, गम, निराशा आदि का ज्ञान उनके पत्रों के माध्यम से बखूबी स्पष्ट होता है जो उन्होंने समय-समय पर अपने मित्रों आदि को लिखे। सरकारी नौकरी छोड़ने की खबर उन्होंने अपने परम प्रिय मित्र दया नारायण निगम को दी और लिखा कि 'मैंने सरकारी नौकरी छोड़ दी है और अब बस हफ्तावार उर्दू अखबार निकालने का विचार है। इसी संबंध में उन्होंने एक पत्र मानीराम को 23 फरवरी, 1921 को लिखा। उसमें भी उन्होंने अखबार निकालने की बात पर ज़ोर देते हुए लिखा-

"मैंने तर्के मुलाज़मत (नौकरी छोड़ना) कर ही ली। आप मुझे बहुत अर्से से इसकी तहरीक (प्रेरणा) कर रहे थे, हालाँकि यह आपकी तहरीक का असर नहीं है बल्कि रफ्तारे ज़माना है। मगर किसी तरह अब मैं आज़ाद हो गया। अब बतलाइए क्या करूँ। प्रेस और अखबारनवीसी

और कुतुबनवीसी के सिवा मैं कोई दूसरा काम करने के काबिल नहीं। क्या आपका इरादा अब भी प्रेस की तरफ़ है? मैं चार-पाँच हज़ार का सरमाया और अपना सारा वक़्त आपकी नज़र करने को तैयार हूँ, बशर्ते कि आप भी मेरे मआविन (सहयोगी) और शरीक हों। मेरे लिए गोरखपुर, बनारस और कानपुर तीन मुक़ामात हैं। और भी जगह थोड़ी-बहुत आसानियाँ हैं लेकिन कानपुर में जितनी आसानी नज़र आती है उतनी और कहीं मिलती नहीं। मैं उर्दू, हिन्दी और अंग्रेजी का एक अच्छा प्रेस खोलना चाहता हूँ जो फिलहाल महज़ जाब वर्क पर चले। अखबार से उसे कोई ताल्लुक न रहे। मैं ज़ाती तौर पर अखबार का काम भी कर सकता हूँ मगर ज्यादा नहीं। अगर आप चाहें तो दो-एक दिन के लिए कानपुर आ जाऊँ और बिल मुसाफे आमने-सामने उमूर (बातें) तय हो जाएँ। लाइट प्रेस अभी ग़ालिबन फ़रोख्त न हुआ होगा। अगर वह बिक भी गया हो तो कलकत्ते से मशीन और ट्रेडिल मँगाया जा सकता है। लीथो प्रेस का इंतज़ाम भी जरूरी है ताकि अपने घर के काम के लिए दूसरे का दस्तनिगर (मुहताज) न होना पड़े। मैनेजरी का काम हम और आप दोनों मिलकर खूब कर सकते हैं। एडिटरी के काम में ही हत्तुल इमकान (यथाशक्ति) आपकी थोड़ी मदद कर सकता हूँ। इस खत के जवाब का मुंतजिर हूँ। फ़िलहाल एक कपड़े का कारखाना खोल रक्खा है जिसमें आठ करघे चल रहे हैं। कुछ चर्खे वगैरह भी बनवाए जा रहे हैं। एक मैनेजर पच्चीस रुपये माहवार पर रख लिया है। गो इससे मुझे माहवार कुछ-न-कुछ नफ़ा जरूर होगा लेकिन इतना नहीं कि मैं उस पर तक़िया (सहारा) कर सकूँ। बावजूद नान-कोआपरेशन करने के अभी तक मैं दौलत की तरफ से बिल्कुल मुस्तगनी (विरक्त) नहीं हूँ। मैं ज़ाती तौर पर हो भी जाऊँ लेकिन मेरी बीवी को यकीन हो जाए कि अब इसी तरह उसकी ज़िंदगी बसर होगी तो वह मुझे हरगिज़ मुआफ़ न करेगी। और क्या अर्ज करूँ। आजकल एक देहात में मुक़ीम हूँ। खूब आराम से दिन कट रहे हैं। आज़ादी का लुत्फ़ उठा रहा हूँ।"

इस तरह मुंशी जी चरखे के कार्य से कपड़े का कारखाना चलवा रहे थे। लेकिन वे साहित्यिक व्यक्ति थे। अत: लिखाई करना कैसे छूट सकता था! वे उसमें भी लगे हुए थे। वे कलम के माध्यम से लोगों में देशभक्ति के जज़्बे को जगाना चाहते थे। अत: स्वच्छंद होकर अपनी लेखनी में व्यस्त थे।

पहले उन्होंने गोरखपुर से अखबार निकालने का मनसूबा बनाया परंतु पुनः किसी परेशानी के कारण काम न बना। अतः गोरखपुर हमेशा के लिए छोड़ने का निश्चय किया और मार्च, 1921 में चल पड़े और परिवार सहित बनारस पहुँच गए। मुंशी जी चाहते थे कि अखबारों में कॉलम आदि लिखकर घर का खर्च चलाया जाए। उनके पास जो जमा पूँजी थी, वे उसे बिल्कुल खर्च नहीं करना चाहते थे। क्योंकि वही उनका सहारा थी। मुश्किल से चार–पाँच हज़ार जमा थे जिनसे वे अखबार निकालना चाहते थे। अतः वे 'आज' के लिए कॉलम लिखने लगे। साथ ही 'स्वदेश' के लिए भी। और इस प्रकार उनकी ज़िंदगी पुनः उसी पुराने ढर्रे पर आ गई– घिसटते हुए जीवन बिताना, तंगी आदि। लेकिन लिखने का जोश वही था।

सरकारी नौकरी से इस्तीफ़ा देने के कुछ माह पश्चात् प्रेमचन्द ने पुनः कानपुर के एक मारवाड़ी स्कूल में हैडमास्टरी की। तदंतर वहाँ से भी अनबन के बाद पुनः बनारस आ गए। बनारस में उन्हें भाग्य से शिव प्रसाद गुप्त के 'मर्यादा' नामक एक मासिक पत्र में संपादक की नौकरी मिल गई। निकट ही लमही में वे रहने लगे। वहीं गाँव में उन्होंने अपना मकान बनवाना आरंभ किया। उसमें उनका पैसा खर्च होता जा रहा था। और उन्हें अपना प्रेस भी खोलना था। इस संबंध में उन्होंने निगमजी को 24 जून, 1922 को एक पत्र लिखकर कहा कि मकान में तकरीबन दो हज़ार रुपए खर्च हो गए हैं और अभी बहुत काम बाकी है। प्रेस खोलने के लिए लगभग पाँच हज़ार रुपए चाहिए। चार हज़ार का तो मेरे पास इंतज़ाम है। एक हज़ार का एक जगह से इंतजाम हो जाएगा। लगभग एक हज़ार और चाहिए। यदि आप सात सौ रुपए का इंतज़ाम कर दें तो कुछ काम का सामान ले सकता हूँ। कुछ समय पश्चात् फिर किस्मत ने पलटा मारा। उनकी 'मर्यादा' की नौकरी पुनः छूट गई। लेकिन उसी समय स्थापित हुए काशी विद्यापीठ के एक स्कूल में उन्हें हैडमास्टर का पद प्राप्त हो गया।

•••

अध्याय 7

सरस्वती प्रेस की स्थापना

स्कूल में कार्य के अतिरिक्त प्रेस खोलने का कार्य भी जारी था। 1921 में मुंशी जी का उपन्यास 'प्रेमाश्रम' प्रकाशित हुआ था। उससे उन्हें बहुत उम्मीद थी। मुंशी जी ने यह उपन्यास पहले उर्दू में लिखा। लेकिन प्रकाशन पहले हिन्दी में हुआ। प्रेस खोलने की तैयारी ज़ोरों पर थी। आवश्यक सामान मँगाया जा रहा था। अंततः सामान आदि एकत्रित हुआ। इसके संबंध में प्रेमचन्द ने दया नारायण निगम को 22 अप्रैल, 1923 को पत्र लिखा–

"आज प्रेस के लिए मकान तय हो गया, मशीन आ गई। टाइप, केस वगैरह पहुँच गए। उम्मीद है कि इस मई के महीने में प्रेस मुकम्मल तौर पर काम करने के काबिल हो जाएगा। अब डिक्लेरेशन दाखिल करना रह गया है। सोमवार को दाखिल कर दूँगा। अभी तक नाम नहीं तजवीज कर सका। साहित्य प्रेस, सरस्वती प्रेस, संसार प्रेस वगैरह नाम जेहन में हैं। आप भी कोई नाम तजवीज कीजिए क्योंकि नामों के इंतखाब में आपको कमाल हासिल है।"

यहाँ से प्रेमचन्द का यह पत्र प्रेषित हुआ और निगम साहब के यहाँ से उन्हें एक शोक-पत्र प्राप्त हुआ कि निगम साहब का बच्चा खत्म हो गया। यह जानकर प्रेमचन्द बहुत दुःखी हुए क्योंकि इस गम का दर्द स्वयं उन्होंने भी झेला था। प्रेमचन्द के भी दो बच्चे नहीं रहे थे। उन्होंने अपने परम मित्र को धीरज बँधाते हुए पत्र लिखा–

"कल सुबह एक पत्र लिखा। शाम को आपका कार्ड मिला जिसे पढ़कर निहायत सदमा हुआ। बीमारियाँ और परेशानियाँ तो ज़िंदगी का खास्सा (विशेषता) हैं लेकिन बच्चे की हसरतनाक मौत एक दिलशिकन (हृदयविदारक) हादसा है और बर्दाश्त करने का अगर कोई तरीका है तो यही कि दुनिया को एक तमाशागाह या खेल का मैदान समझ लिया जाए। खेल के मैदान में वही शख्स तारीफ़ का मुस्तहक होता है, जो जीत से फूलता नहीं और हार में रोता नहीं। जीते तब भी खेलता है और हारे तब भी खेलता है। बस यही उसकी ज़िंदगी की कायनात (कुल पूँजी) है। हम क्यों ख्याल करें कि हमसे ज़िंदगी ने बेवफ़ाई की? खुदा का शिकवा क्यों करें? क्यों इस खयाल से मलूल (दुःखी) हों कि दुनिया हमारी नेमतों से भरी थाली को हमारे सामने से खींचे लेती है? क्यों इस फिक्र से मुतवहिश (परेशान) हों कि क़ज़्ज़ाक़ (लुटेरा) हमारे ऊपर छापा मारने की ताक में है? ज़िंदगी को इस नुक्तए निगाह से देखना अपने इत्मीनाने-क़ल्ब (हृदय की शांति) से हाथ धोना है। खेल में शरीक होकर हम खुद हार और जीत को बुलाते हैं। क़ज़्ज़ाक़ के हाथों लूटे जाना ज़िंदगी का मामूली हादसा नहीं है, लेकिन खेल में हारना और जीतना मामूली बात है। जो खेल में शरीक होगा वह बखूबी जानता है कि हार और जीत दोनों ही सामने आएंगी। इसलिए उसे हार से मायूसी नहीं होती, जीत से फूला नहीं समाता। हमारा काम तो सिर्फ खेलना है, खूब दिल लगाकर खेलना, खूब जी तोड़कर खेलना, अपने को हार से इस तरह बचाना गोया हम कौनेन (तीनों लोक) की दौलत खो बैठेंगे, लेकिन हारने के बाद, पटखनी खाने के बाद गर्द झाड़कर खड़े हो जाना चाहिए और फिर खम ठोंककर हरीफ़ (प्रतिद्वंद्वी) से कहना चाहिए कि एक बार और।

खिलाड़ी बनकर आपको वाकई इत्मीनान होगा। मैं खुद इस मेयार (कसौटी) पर पूरा उतरूँगा या नहीं, मगर कम-से-कम अबके पीछे किसी नुकसान पर इतना रंज न होगा जितना आज से चंद साल कब्ल हो सकता था। मैं अब शायद न कहूँगा कि हाय ज़िंदगी अकारत गई, कुछ न किया, ज़िंदगी खेलने के लिए मिली थी, खेलने में कोताही की। आप मुझसे ज्यादा खेले हैं। हार और जीत दोनों देखी हैं। आप जैसे

खिलाड़ी के लिए शिकवए-तकदीर की जरूरत नहीं। इस हार का ग़म न कीजिए। आपने खुद ही न किया होगा। आप मुझसे मश्शाक (अनुभवी) हैं। मैं 5 या 6 तक कानपुर आने वाला हूँ।"

प्रेस की सभी तैयारियाँ पूरी करके मुंशी प्रेमचन्द ने निगम साहब को लिखा–"20 जुलाई, 1923 से प्रेस में काम प्रारंभ होगा। मैंने प्रेस तो प्रारंभ कर ली है लेकिन अब मेरे पास कुछ नहीं बचा। लगभग आठ हज़ार से अधिक खर्च हो गए। अब मेरे पास कुछ नहीं है। यदि आप 300 रुपए दें तो कुछ कार्य आगे हो सके।"

इस प्रकार मुंशी प्रेमचन्द ने 'सरस्वती प्रेस' की स्थापना की और इसके लिए अपना सभी कुछ दाँव पर लगा दिया। यह उनकी वर्षों की तमन्ना थी कि वे प्रेस खोलें और किसी पत्र का प्रकाशन करें। धीरे-धीरे प्रकाशन का कार्य प्रारंभ हुआ।

असहयोग आंदोलन और स्वराज

उस समय गाँधी जी के असहयोग आंदोलन की चारों ओर धूम थी। उसी के लिए महावीर प्रसाद पोद्दार ने 'असहयोग माला' नाम का प्रकाशन आरंभ किया जिसमें मुंशी प्रेमचन्द ने एक विशेष लेख भी लिखा था जिसमें उन्होंने स्वराज्य को विस्तार से समझाया था। उसके प्रमुख अंश–

"अपने देश का पूरा-पूरा इंतज़ाम जब प्रजा के हाथों में हो तो उसे स्वराज कहते हैं। जिन देशों में स्वराज है वहाँ की प्रजा अपने ही चुने हुए पंचों द्वारा अपने ऊपर राज करती है। वहाँ यह नहीं हो सकता कि प्रजा लगान और करों के बोझ से दबी रहे और अधिकारी लोग दिनोंदिन सेवा बढ़ाते जाएँ। प्रजा भूखों मर रही हो, चारों ओर अकाल पड़ा हो और देश का अन्न दूसरे देशों को ढोया चला जाता हो। भुखमरी, हैजा आदि रोग फैल रहे हों और अधिकारी लोग उनको रोकने का उचित प्रयत्न न करें और सैर-सपाटे किया करते हों। गरीब मुसाफिरों को रेलगाड़ियों में बैठने की जगह न मिलती हो और अधिकारियों के वास्ते एक-एक पूरी गाड़ी अलग खड़ी रहती हो।

स्वराज के तीन भेद हैं। एक वह जहाँ का राजा उसी देश का

निवासी होता है। लेकिन वह राज का सब काम अपनी ही इच्छानुसार करता है। प्रजा उसके इंतज़ाम में ज़रा भी दखल नहीं दे सकती, जैसे काबुल, नेपाल। दूसरा वह है जहाँ का राजा अपनी प्रजा के प्रतिनिधियों की सलाह के बिना स्वयं कुछ न कर सकता हो, जैसे– इंगलिस्तान, जापान। तीसरा वह है जहाँ राजा नहीं होता, उसकी जगह पर पंच लोग किसी योग्य और सर्वमान्य पुरुष को चुनकर कुछ नियत समय के लिए अपना प्रधान बना लेते हैं और वह प्रजा के चुने हुए मेम्बरों की सम्मति से राज्य का सारा प्रबंध करता है, जैसे– फ्रांस, अमेरिका, चीन आदि। भारत की दशा विचित्र है। वह इन तीनों भेदों में से एक में भी नहीं आता। हम इन तीनों भेदों में कौन-सा चाहते हैं, यह अभी साफ नहीं कहा जा सकता। परंतु इसमें अब ज़रा भी संदेह नहीं है कि हम वह स्वराज्य चाहते हैं जहाँ प्रजा के चुने हुए पंचों की सलाह से सब राजकाज किया जाता है और पंचों की सम्मति के बिना शासक लोग कुछ भी नहीं कर सकते। भारत में ऐसी सभाएँ हैं जहाँ प्रजा के प्रतिनिधि सरकार को सलाह देने जाते हैं। छोटे लाट साहब और बड़े लाट साहब दोनों ही को सलाह देने के लिए ऐसी सभाएँ बनाई गई हैं। लेकिन एक तो इन सभाओं में जो पंच प्रजा की ओर से भेजे जाते हैं, उन्हें वही लोग चुनते हैं जो या तो महाजन हैं या बड़े ज़मींदार या बड़े काश्तकार; साधारण जनता को उन्हें चुनने का अधिकार नहीं है। दूसरे, इन सभाओं को केवल राय देने का अधिकार है। अधिकारियों की इच्छा है, चाहे उस राय को मानें या न मानें। ये सभाएँ केवल हाथी के दाँत हैं, उनकी ज़ात से जनता की कोई भलाई नहीं हो सकती।"

इस लेख में मुंशी प्रेमचन्द ने बड़ी गहराई से स्वराज की व्याख्या की और उसके विकृत रूप को प्रकट किया। देश के हालात पर मुंशी प्रेमचन्द की नज़र लगातार थी और वे अपनी लेखनी में लगातार देश की स्थिति को स्थान देते आ रहे थे।

हिन्दू-मुस्लिम संबंध पर लेख

वर्ष 1924 में हिन्दू-मुस्लिम संबंध पर मुंशी प्रेमचन्द का एक लेख प्रकाशित हुआ। मुंशी दया नारायण निगम को इस लेख को प्रकाशित

करने के लिए नौ माह तक सोच-विचार करना पड़ा क्योंकि मुंशी जी ने इस लेख में मुसलमानों को हिन्दुओं की अपेक्षा अधिक गंभीर और दूरंदेशी बताया था। तो स्वाभाविक है कि वह लेख बहुत उत्तेजक था। उस लेख का नाम 'क़हतुर्रिजाल' था जिसका हिन्दी में अर्थ है—मनुष्यता का अकाल। वह लेख इस प्रकार है—

"हिन्दू-मुस्लिम एकता के बारे में इस वक़्त मुसलमान कौम के बड़े लोगों ने बार-बार की उत्तेजना के बावजूद जो अच्छी रविश (व्यवहार) अख्तियार की है, और जिस गंभीरता एवं दूरंदेशी का परिचय दिया है, उस पर हिंदुओं को शर्मिंदा होना चाहिए। अब उनका यह दावा था कि स्वराज्य के लिए हम जितनी कुर्बानियाँ कर सकते हैं, उतनी मुस्लिम सम्प्रदाय नहीं करता। वह हिन्दोस्तान में रहकर, हिंदोस्तान का दाना-पानी खाकर अरब और अजम के सपने देखा करता है। उसे स्वराज्य की उतनी फिक्र नहीं है जितनी पैन-इस्लाम की। एक बार जब मौलाना शौकत अली ने किसी खिलाफत के जलसे में कहा था कि अगर मुसलमान को किसी कौमी काम के लिए एक रुपया देना मंजूर हो तो वह चौदह आने खिलाफत को दे और दो आने कांग्रेस को। इस कौल को हिन्दू अखबारों ने बड़े निष्ठुर ढंग से बहुत ज्यादा महत्त्व दिया और उसे अपनी बात के प्रमाण के रूप में पेश किया।

"इस कौल का तकाजा तो यह था कि हिन्दू महाशय अपने दिल में लज्जित होते कि एक मुसलमान को, जो अपना सबकुछ भारतमाता की नज़र कर चुका हो, इस तरह दोनों में भेद करने की जरूरत पड़ी क्योंकि जाहिर है कि अगर हिन्दुओं ने खिलाफत के मसले को महात्मा गाँधी की व्यापक दृष्टि से देखा होता तो मौलाना साहब को यह बात कहने का कोई मौका ही न था। मगर सच्चाई यह है कि हिन्दुओं ने कभी खिलाफत के महत्त्व को ही नहीं समझा और न समझने की कोशिश की बल्कि उसको संदेह की दृष्टि से देखते रहे।

"हम कहते हैं कि अगर हिन्दुओं में एक भी किचलू, मुहम्मद अली या शौकत अली होता तो हिन्दू संगठन और शुद्धि की इतनी गर्म-बाज़ारी न होती और इन हंगामों में काफ़ी कमी हो जाती जो इस वैमनस्य के कारण दिखाई पड़ती है। मगर अफसोस के साथ कहना पड़ता

है कि कांग्रेस ने भी सामूहिक रूप से इन आंदोलनों से अलग-थलग रहने के बावजूद व्यक्तिगत रूप से उसमें शामिल होने में कुछ भी उठा नहीं रक्खा। इतना ही नहीं, एक भी ज़िम्मेदार कांग्रेस नेता ने ऐलान करके इन आंदोलनों के खिलाफ आवाज़ बुलंद करने का साहस नहीं किया।

"आज कौन हिन्दू है जो हिन्दू-मुस्लिम एकता के लिए जी-जान से काम कर रहा हो, जो उसे हिन्दोस्तान की सबसे महत्त्वपूर्ण समस्या समझता हो, जो स्वराज्य के लिए एकता को बुनियादी शर्त समझता हो। कौम का यह दर्द, यह टीस, यह तड़प आज हिन्दुओं में कहीं दिखाई नहीं देती। दस-पाँच हज़ार मलकानों को शुद्ध करके लोग फूले नहीं समाते मानो अपने लक्ष्य पर पहुँच गए, अब स्वराज्य हासिल हो गया। हमें याद नहीं आता कि आज तक किसी हिन्दू ने वैसे पवित्र, ऊँचे भाव व्यक्त किए हों, जो इस राम-लखन की जोड़ी ने जेल से निकालते ही रो-रोकर भीगी-भीगी आँखों से निकलती हुई दर्द की एक आवाज़ की तरह व्यक्त किए हैं। यह है वह राष्ट्रीय भावना जो राष्ट्रों के बेड़े पार करती है, उनकी नैया किनारे लगाती है।

"हमको यह मानने में कोई संकोच नहीं है कि इन दोनों सम्प्रदायों के कशमकश और संदेह और घृणा की जड़ें इतिहास में हैं। कुल मिलाकर यह कहना ही होगा कि मुसलमान बादशाहों ने सख्त-से-सख्त जुल्म किए। हम यह भी मानते हैं कि मौजूदा हालात में अज़ान और कुर्बानी के मौकों पर मुसलमानों की तरफ़ से ज्यादतियाँ होती हैं। ज्यादातर मुसलमान अब भी अपनी पुरानी सुलतानी के नारे लगाता है और हिन्दुओं पर हावी रहने की कोशिश करता रहता है। तबलीग के मामले में ज्यादती मुसलमानों ने की और हिन्दुओं की रोज-ब-रोज घटती हुई संख्या का कारण भी किसी हद तक वही है। मगर इन सारे कारणों और दलीलों और घटनाओं को नज़र के सामने रखते हुए हम यह कहना चाहते हैं कि हिन्दुओं को इससे कहीं ज्यादा राजनीतिक धैर्य से काम लेने की जरूरत है। इतिहास से उत्तराधिकार में मिली हुई अदावतें मुश्किल से मरती हैं लेकिन मरती हैं, अमर नहीं होतीं।

"अगर धर्म का आदर करना अच्छा है तो हर हालत में अच्छा है। इसके लिए किसी शर्त की जरूरत नहीं। अच्छा काम करने वालों को

सब अच्छा कहते हैं। दुनियावी मामलों में दबने से आबरू में बट्टा लगता है, दीन-धर्म के मामले में दबने से नहीं। गोकुशी के मामले में हिन्दुओं ने शुरू से अब तक एक अन्यायपूर्ण ढंग अख्तियार किया है। हमको अधिकार है कि जिस जानवर को चाहें पवित्र समझें लेकिन यह उम्मीद रखना कि दूसरे धर्म को मानने वाले भी उसे वैसा ही पवित्र समझें; खामखाह दूसरों से सर टकराना है। गाय सारी दुनिया में खायी जाती है, उसके लिए क्या आप सारी दुनिया को गर्दन से मार देने के काबिल समझेंगे?

"अगर हिन्दुओं को अभी यह जानना बाकी है कि इंसान किसी हैवान से कहीं ज्यादा पवित्र प्राणी है, चाहे वह गोपाल की गाय हो या ईसा का गधा, तो उन्होंने कभी सभ्यता की वर्णमाला भी नहीं समझी। हिन्दोस्तान जैसे कृषि-प्रधान देश के लिए गाय का होना एक वरदान है, मगर आर्थिक दृष्टि के अलावा उसका और कोई महत्त्व नहीं है।"

तत्कालीन भारत में ज़बरदस्त उथल-पुथल चल रही थी। अंग्रेज अपनी चाल चल रहे थे। हिन्दू और मुसलमान एक-दूसरे के विरोध में चल रहे थे। मुंशी जी के उपर्युक्त लेख ने जहाँ एक ओर मुसलमानों को खुश कर दिया, वहीं दूसरी ओर हिन्दूजन इस लेख से क्रुद्ध हो गए। लेकिन मुंशी जी का मानना था कि उन्होंने सत्यता का पक्ष लेकर इस लेख को लिखा है। उनके मन में जो विचार तत्कालीन स्थिति एवं इतिहास को देखकर उत्पन्न हुए, वे उन्होंने शब्दों के रूप में लिख डाले। इसी वर्ष भारत में ज़बरदस्त हिन्दू-मुस्लिम दंगे हुए और इन दंगों में सितम्बर, 1924 की 9 एवं 10 तारीख को कोहाट में ज़बरदस्त दंगा हुआ जिसमें हिंदुओं का भारी नुकसान हुआ। अनेक हिन्दू मारे गए। बहुत से बेघर हो गए। हिन्दू और मुस्लिम नेताओं ने जाकर इसकी जाँच भी की लेकिन परिणाम कुछ नहीं निकला। वही ढाक के तीन पात। दोनों और 'मैं' की भावना आड़े आई और दोनों ने अपनों का पक्ष लेते हुए उसके कारण बताए। उस जाँच का कुछ भी परिणाम नहीं निकल सका।

इन्हीं दिनों मुंशी प्रेमचन्द ने 'कर्बला' नामक एक नाटक लिखा जिसमें उन्होंने मुस्लिमों के ऐतिहासिक पक्ष की अच्छाइयों को जगह दी। उन्होंने प्रस्तावना में लिखा—"कितने खेद एवं लज्जा की बात है कि कई

शताब्दियों से मुसलमानों के साथ रहते हुए भी, अभी तक हम उनके इतिहास से अनभिज्ञ हैं। हिन्दू-मुस्लिम वैमनस्य का एक कारण यह भी है कि हम हिन्दुओं को मुस्लिम महापुरुषों के सच्चरित्रों का ज्ञान नहीं। जहाँ किसी मुसलमान बादशाह का जिक्र आया कि हमारे सामने औरंगजेब की तस्वीर खिंच गई। लेकिन अच्छे-बुरे चरित्र सभी समाजों में सदैव होते आए हैं और होते रहेंगे। पाठक इसमें हिंदुओं का प्रवेश देखकर चकित होंगे, परंतु वह हमारी कल्पना नहीं है, ऐतिहासिक घटना है। आर्य लोग वहाँ कैसे और कब पहुँचे, यह विवादग्रस्त है। कुछ लोगों का ख्याल है, महाभारत के बाद अश्वत्थामा के वंशधर वहाँ जा बसे थे। कुछ लोगों का यह भी मत है, ये लोग उन हिंदुओं की संतान थे, जिन्हें सिकंदर यहाँ से कैद कर ले गया। कुछ ही इस बात के ऐतिहासिक प्रमाण हैं कि कुछ हिन्दू भी हुसैन के साथ कर्बला के संग्राम में सम्मिलित होकर वीरगति को प्राप्त हुए थे।"

इस तरह, मुंशी जी ने इस नाटक में हिंदुओं के हुसैन के साथ कर्बला में शहीद होने की ऐतिहासिक घटना को प्रस्तुत किया। मुंशी जी ने इस नाटक में मुसलमानों के सम्मान को ध्यान में रखते हुए अपनी कलम को चलाया जैसाकि उनके उस पत्र से पता चलता है जो उन्होंने मुंशी दया नारायण निगम को 17 फरवरी, 1924 को लिखा। उस पत्र के कुछ अंश इस प्रकार हैं-

"मैंने इधर पाँच महीने में अपने नाविल 'रंगभूमि' के साथ एक ड्रामा लिखा है जिसका नाम है 'कर्बला'। इसमें कर्बला के वाकयात पर तारीखी हैसियत को कायम रक्खे हुए एक ड्रामा लिखा गया है। मैंने खत (लिपि) तो हिंदी में लिखा है मगर ज़बान सरासर उर्दू है। ख्वाह हिन्दी पब्लिक इसकी कद्र न करे पर मैंने मुसलमान कैरेक्टरों की जुबान से फसीह (प्रांजल) हिन्दी निकलवाना बेमौका समझा। नाटक इसी हफ्ते में मतबे (प्रेस) में चला जाएगा। मेरे ही मतबे में। इस वक्त नज़रसानी कर रहा हूँ। मैं इसे सिलसिलेवार 'ज़माना' में दे दूँ तो क्या राय है? किस्सा निहायत दिलचस्प है। निहायत दर्दनाक। मैंने 'माधुरी' में 'कर्बला' पर एक मज़मून लिखा था जिसकी कद्र भी काफी हुई। कोई वजह नहीं कि उर्दू में ड्रामा मकबूल न हो। उसमें मुझे मज़मूननिगारी न करनी पड़ेगी, सिर्फ खत

तब्दील कर देना पड़ेगा। बाद को यह सिलसिला किताबी सूरत में निकल जाएगा। एक-एक लफ़्ज पर इस बात का ख्याल रखा है कि मुसलमानों के मजहबी एहसासात (सम्मान) को सदमा न पहुँचे। मकसद है पोलिटिकल बाहमी (आपसी) इत्तहाद को बढ़ाना।"

लेकिन मुंशी दया नारायण ने उसे प्रकाशित करना उचित नहीं समझा। संभवतः उन्हें दंगे-फसाद का डर हो। मुंशी प्रेमचन्द प्रयास में लगे थे। चाहते थे, किसी प्रकार वह 'ज़माना' में प्रकाशित हो। वे इसके लिए जी-तोड़ प्रयास कर रहे थे। लेकिन 'ज़माना' में प्रकाशित होना संभव नहीं हो पाया। अंततः प्रेमचन्द बहुत निराश हुए। उनकी निराशा उनके इस पत्र में स्पष्ट होती है जो उन्होंने 22 जुलाई, 1924 को निगम जी को प्रेषित किया-

"बेहतर है कर्बला न निकालिए। मेरा कोई नुकसान नहीं है। न मैं मुफ्त का खलजान (झंझट) सर पर लेने को तैयार हूँ। मैंने हज़रत हुसैन का हाल पढ़ा, उनसे अकीदत (श्रद्धा) हुई, उनके जौके-शहादत (बलिदान-भावना) ने मफ्तूं (मोहित) कर लिया। उसका नतीजा यह ड्रामा था। अगर मुसलमानों को यह भी मंजूर नहीं है कि किसी हिन्दू की जुबान व कलम से उनके किसी मज़हबी पेशवा या इमाम की मद्हसराई (स्तुति) भी हो तो मैं इसके लिए मुसिर (आग्रहशील) नहीं हूँ। इस कार्ड का जवाब देना तो फिजूल है, हाँ, हज़रत अहसन के नोट के मुताल्लिक कुछ अर्ज़ करना चाहता हूँ।

"आप फ़रमाते हैं कि शिया हज़रात यह नहीं पसंद कर सकते कि उनके किसी मज़हबी पेशवा का ड्रामा तैयार किया जाए। शिया हज़रात अगर मज़हबी पेशवा की मसनवी पढ़ते हैं, अफ़साने पढ़ते हैं, मर्सिये सुनते और पढ़ते हैं तो उन्हें ड्रामे से क्यों एतराज हो? क्या इसलिए कि एक हिन्दू ने लिखा है?

"तारीख और तारीखी ड्रामे में फ़र्क है, जैसा आप खुद तसलीम करते हैं। तारीखी ड्रामा खास कैरेक्टरों में तो कोई तग़ैयुर (परिवर्तन) नहीं कर सकता, मगर सानवी (गौण) कैरेक्टरों के तबद्दुल और तर्मीम, यहाँ तक कि तखलीक (सृष्टि) में भी उसे आज़ादी है। हज़रत असग़र की उम्र 6 माह की थी, लेकिन बाज़ रिवायतों में 6 साल की भी लिखी हुई

है। मैंने वही रिवायत अखतियार क़ी जो मेरे मुआफ़िक हाल थी। अगर बिलफ़र्ज ऐसी रिवायत न भी हो तो हज़रत असग़र इस ड्रामे के कोई खास कैरेक्टर नहीं हैं।

"तारीखी हैसियत से आपने साहस राव के तदाखुल (प्रवेश) पर एतराज किया है। बेशक क़दीम रिवायत में उसका कोई जिक्र नहीं। मगर एक रिवायत है जो मैंने रसाला 'आईना' इलाहाबाद से ली है। मुमकिन है वह रिवायत ग़लत हो लेकिन अगर मान लीजिए जेबे-दास्तान (कथा के अलंकरण) ही के लिए ली गई है तो ड्रामा तारीख तो नहीं है। इससे किसी तारीखी कैरेक्टर पर असर नहीं पड़ता। इन कैरेक्टरों की मंशा है हिन्दुओं का हज़रत हुसैन पर फिदा हो जाना। उनका वजूद भी इसलिए हुआ है। यह ड्रामा तारीखी होने के साथ पोलिटिकल है।

"अदबी हैसियत के मुताल्लिक़ आपके एतराज को बसरो-चश्म (सिर-आँखों पर) तसलीम करता हूँ। मैंने कभी अदीब होने का दावा नहीं किया। मुझे लोग जबरदस्ती इंशापरदाज और सेह निगार (कलम का जादूगर) और अल्लम-गल्लम लिख दिया करते हैं। मैं बात को सीधी तरह सीधी ज़बान में कह देता हूँ। रंगआमेज़ी और इंशापरदाज़ी से कासिर हूँ और ड्रामा इसलिए तैयार किया गया है कि हर खास-ओ-आम इसे पढ़े तो ज़बानआराई (भाषा की सजावट) और भी बेमौक़ा हो जाती है। बहरहाल, मैं ड्रामे की इशाअत के लिए मुसिर नहीं हूँ। इसलिए यह बहस मुल्तवी और खत्म हो गई। ख्वाजा हसन निज़ामी ने कृष्ण बीती लिखी, एक हिन्दू नक़्क़ाद ने उसकी तारीफ की, सिर्फ इसलिए कि मौलाना ने कृष्ण से अपनी अक़ीदत का इज़हार किया था। मेरा भी यही मंशा (था)। अगर हसन निज़ामी को वह आज़ादी हासिल है और मुझे नहीं है तो मुझे इसका अफ़सोस नहीं।"

इस नाटक को प्रकाशित करने के लिए मुंशी जी बहुत प्रयासरत थे। यहाँ तक कि उन्होंने स्वयं की प्रेस में कार्य प्रारंभ करवाया। लेकिन वे स्वयं अपनी तंगहाली से परेशान थे और प्रेस का भी बुरा हाल था। जैसे-तैसे इधर-उधर करके कहीं और से उसका प्रकाशन हुआ। लेकिन उसकी शुरुआत ही 'न' से हुई थी, अतः गुमनामी के अंधेरे में खो गया और मुंशी प्रेमचन्द उससे जो उम्मीद लगाए बैठे थे, वह नहीं हो सका।

प्रेस घाटे में

मुंशी प्रेमचन्द को अपनी प्रेस से कुछ फायदा नहीं हो रहा था। वे परेशान थे कि कहाँ की मुसीबत गले पड़ गई। यहाँ तक कि वे प्रेस-भवन का किराया भी नहीं निकाल पा रहे थे। अपनी परेशानी को उन्होंने इन शब्दों में स्वयं व्यक्त किया है–

"प्रेस मुझे इस कदर परेशान कर रहा है कि मैं तंग आ गया हूँ। वह बुरा वक्त था जब मेरे सिर पर यह सौदाए खाम समाया। आपकी खिदमत में बकायादारों की यह फेहरिस्त जो इस वक्त मेरे सामने रक्खी हुई है। इरसाल (प्रेषित) कर रहा हूँ। देखिए, मेरी परेशानियों का सही अंदाजा आप कर सकेंगे। 2272 रुपए बकाया हैं और इनके वसूल होने में अभी न जाने कितनी देर लगे। इधर मुझ पर 500/- टाइप के, 400/- काग़ज के और 200/- मकान-किराए के सवार हैं। मैं तो मुतफ़र्रिक (फुटकर) रकम न जाने कब पाऊँगा, पर मेरे तकाजेवाले कब चैन लेने देते हैं। दो किताबें खुद शाया कीं, मगर उम्मीद के खिलाफ अभी तक एक किताब भी तैयार नहीं हुई। मैंने सोचा था कि सितम्बर-अक्टूबर तक दोनों किताबें तैयार हो जाएँगी। बकाया वसूल हो जाएगा। किताबें बिक जाएंगी। रुपये की किल्लत रफ़ा (दूर) हो जाएँगी। मगर वे सारे मंसूबे परीशान (तितर-बितर) हो गए। न किताब तैयार हुई और न बकाया वसूल हुआ। बल्कि हर महीने में कुछ-न-कुछ बढ़ता ही गया। अभी कोशिश कर रहा हूँ कि किसी बुकसेलर से मुआमला करके ये सब छपी हुई जिल्दें लागत पर देकर अपने तक़ाजेदारों को अदा कर दूँ। बकायादारों से रफ़्ता-रफ़्ता वसूल होता रहेगा। हालाँकि इसमें से कम-अज-कम 500/- 'बैड डेट' से चले जाएँगे। दरअसल मैंने यह झंझट मोल लेकर अपनी जान आफ़त में फँसाई। नहीं तो मेरे खाने भर को बहुत काफी था। इस तरद्दुद में लिटरेरी काम भी नहीं होता।"

दरअसल प्रेस मुंशी जी के गले की हड्डी बन गई थी। उसे वे न निगल पा रहे थे न उगल। जमा-पूँजी भी फँस गई थी। उसमें अपने भाई महताब राय का पैसा भी लगा बैठे। वह भी परेशान कि करें तो क्या करें। जबकि दोनों भाइयों में अच्छा तालमेल था। लेकिन यहाँ स्थिति ऐसी फँस गई कि दोनों के मध्य कुछ-न-कुछ विरोधाभास होने लगे।

यह परिस्थिति ऐसी थी जिससे ऐसा होना भी स्वाभाविक ही था। ऐसी स्थिति में प्रेस को बंद करने पर सारा रुपया डूबने की बात थी। फिर तो दोनों ही कहीं के नहीं रहते। अंततः दोनों भाइयों ने आपसी निर्णय लिया कि इस प्रेस को दोनों में से कोई एक चलाए।

प्रेमचन्द ने भी अपने भाई महताब के सुझाव का स्वागत किया और कहा कि 'ठीक है, दोनों में से प्रेस को कोई भी ले ले।' साथ ही उन्होंने उस प्रेस के खर्च, ब्याज आदि का हिसाब-किताब बनाकर महताब को दे दिया कि प्रेस जिसके भी पास रहे तो उसे कितना खर्च करना पड़ेगा।

महताब राय के पास भी इतना पैसा नहीं था कि वे अकेले उस प्रेस के खर्च को झेल पाते। साथ ही प्रेमचन्द ने महताब को इस बात की भी हिदायत दी थी कि अगर किसी ने उनकी सहायता के लिए भी कहा हो तो आँखें बंद करके काम मत करना अन्यथा व्यर्थ की परेशानी गले पड़ सकती है। क्योंकि वे वैसे ही प्रेस के कारण कर्ज़ में डूबे पड़े थे।

महताब राय ने उस प्रेस को स्वयं लेने की मंशा प्रकट की थी। इसके संबंध में प्रेमचन्द ने जवाब दिया—"जो ज्यादा-से-ज्यादा कीमत दे, वही उसे लेने का अख्तियार रखता है। अगर मैं ज्यादा दूँगा तो मैं लूँगा, तुम दोगे तो तुम लोगे। कोई तीसरा देगा, तीसरा लेगा। अगर तुम बेरोज़गार हो तो मैं कौन-सा बारोज़गार हूँ। तुम नौजवान आदमी हो, कलकत्ता-बम्बई की हवा खा सकते हो। मैं तो इस काबिल नहीं हूँ। खैर, बतलाओ कि तुम प्रेस की ज्यादा-से-ज्यादा क्या कीमत दे सकते हो? अगर मैं उससे ज्यादा दूँगा तो मैं लूँगा वर्ना तुम।"

अंततः उस प्रेस की बोली लगाई गई। मुंशी प्रेमचन्द की इच्छा थी कि वे स्वयं उसे लें। अतः उन्होंने अधिक बोली लगाकर वह प्रेस ले ली।

●●●

अध्याय 8

'रंगभूमि' और 'निर्मला'

मुंशी प्रेमचन्द ने अपना अगला नया उपन्यास 'चौगाने हस्ती' तैयार किया जिसे उन्होंने अक्टूबर, 1922 से अप्रैल 1924 के बीच लिखा था। अब वे इसे हिंदी में प्रकाशित करने के लिए तैयार कर रहे थे, जिसका नाम उन्होंने 'रंगभूमि' रखा था। अंततः अगस्त, 1924 में उपन्यास की हिंदी प्रति तैयार हो गई। जनवरी 1925 में वह प्रकाशित हुआ। जब यह उपन्यास प्रकाशित हुआ तो चारों ओर इसकी बहुत समालोचना हुई। मुंशी जी को भी कुछ राहत की साँस मिली कि चलो 'रंगभूमि' की मेहनत ने मायूस नहीं किया; क्योंकि मायूसी बहुत समय से मुँह बाए खड़ी थी।

थोड़ी राहत मिलने पर उनकी कलम से अनेक कहानियाँ सृजित होने लगीं। लखनऊ में कार्य करते हुए उन्होंने 'शतरंज के खिलाड़ी', 'सवा सेर गेहूँ' जैसी सामाजिक कहानियाँ लिखीं। साथ ही 'कायाकल्प' नामक हिन्दी उपन्यास भी पूर्ण किया।

मुंशी प्रेमचन्द ने अपना अगला उपन्यास 'निर्मला' लिखा। प्रारंभ में यह उपन्यास नवम्बर 1925 से नवम्बर 1926 तक अर्थात् एक वर्ष तक 'चाँद' में धारावाहिक रूप में प्रकाशित हुआ। तत्पश्चात् उपन्यास के रूप में वर्ष 1927 में 'चाँद' से ही प्रकाशित हुआ। इस उपन्यास से भी प्रेमचन्द को अच्छी शोहरत मिली। यह उपन्यास महिलाओं को केंद्रित कर लिखा गया था और धारावाहिक के रूप में निकलने के समय से ही प्रसिद्धि पाने लगा था।

इसी बीच 'माधुरी' के संपादक के रूप में उन्हें पुनः लखनऊ जाना पड़ा। 'माधुरी' के संपादक के रूप में कार्य करते हुए जनवरी, 1928 में उन्होंने 'मोटे राम शास्त्री' नामक एक कहानी लिखी जिसने उन्हें अदालत का रास्ता दिखा दिया।

मोटे राम शास्त्री

लखनऊ में प्रेमचन्द जहाँ रहते थे, वहीं पास ही में शालिग्राम शास्त्री नामक एक वैद्य अपनी दुकान चलाते थे। प्रेमचन्द की कहानी पढ़कर उन्हें यह भ्रम हो गया कि वह कहानी उन्हीं पर केंद्रित है। उन्होंने ताव में आकर 'माधुरी' के संपादक मंडल को दोषी मानते हुए मानहानि का मुकदमा दायर कर दिया। प्रेमचन्द सहित संपादक मंडल के अन्य लोगों को अदालत जाना पड़ा। अंत में दोनों पक्षों में राजीनामा हो गया और मामला शांत हो गया।

बाद में, प्रेमचन्द के इस पात्र 'मोटेराम' के विषय में 'माधुरी' में एक विस्तृत लेख प्रकाशित हुआ। वह लेख इस प्रकार था–

"मुंशी प्रेमचन्द जी के उपन्यासों और कहानियों में एक पात्र मोटेराम शास्त्री नाम के हैं। हँसी-मजाक का आश्रय लेकर ही इस पात्र की सृष्टि हुई है। पिकविक पेपर्स पढ़कर ही मुंशी जी ने इस पात्र की कल्पना की है। जैसे सर रॉजर डी कावर्ली पात्र की सृष्टि करके ऐडिसन ने अंग्रेजी के उपन्यास जगत् में हास्यधारा बहायी है, वैसे ही हिंदी में प्रेमचन्द जी के मोटेराम शास्त्री लोगों को हँसाते हैं।

इस पात्र की सृष्टि पहले सन् 1912 में मुंशी जी के लिखे एक उर्दू उपन्यास में हुई। फिर धीरे-धीरे ये हिंदी साहित्य में भी पहुँचे। इन्हीं महाराज की बदौलत 'माधुरी' पर मानहानि का दावा तक दायर हुआ। ये बड़े हज़रत हैं। 'मनुष्य का परम धर्म' नामक हिंदी कहानी में इनका पहले-पहल 1920 में दर्शन हुआ। फिर 'सत्याग्रह' कहानी में 1923 में ये साक्षात् रूप में 'माधुरी' में पधारे और बड़े रंग लाए। आपने 1926 में 'सरस्वती' पत्रिका पर भी कृपा की और 'निमंत्रण' कहानी में अपने दिव्य दर्शन दिए। 1927 में 'प्रेम प्रतिमा' नाम की एक पुस्तक निकली, 'गुरुमंत्र' नाम की एक कहानी है। इनमें भी मोटेराम जी की बाँकी झाँकी

है। फिर 'चाँद' कार्यालय से 'निर्मला' पुस्तक निकली। इसमें भी मोटेराम शास्त्री की व्यवहारकुशलता का दर्शन मिला। आपके लखनऊ पधारने का शुभ संवाद पहले-पहल इसी ग्रंथ में है। लखनऊ आपके मन भाया, इसलिए साक्षात् 'मोटेराम शास्त्री' के नाम से आप लखनऊ पहुँचे और यहाँ धड़ल्ले से वैद्यक करने लगे। 'माधुरी' द्वारा आपकी सुख्याति लखनऊ में खूब हुई। हाल ही में 'साहित्य समालोचक' में आपके जीवन-चरित्र का एक पहलू और भी दिखलाई पड़ा है। आपकी सुकीर्ति की कथाएँ अब बहुत व्यापक हो गयी हैं, इसलिए संभव है शीघ्र ही किसी विशालकाय पुस्तक में आपके दिव्य चरित्र का वर्णन विस्तार के साथ पढ़ने को मिले। मोटेराम जी आदर्श, दंभी, पेटू, धूर्त एवं अपने आतंक और यशोविस्तार के इच्छुक दिखलाई पड़ते हैं। आप व्याख्याता भी हैं, लीडर भी बनना चाहते हैं और धर्माचार्य एवं साहित्यवेत्ता भी हैं। इधर पिछले दिनों में वैद्यक का भी आपने अभ्यास किया है। अपनी स्त्री सोना से आपकी प्रायः गप लड़ा करती है। 'मनुष्य का परम धर्म' में जब हमने आपको पहले-पहल देखा तो जाना कि आप खूब न्योता खाने वाले, संगीत-प्रेमी, व्याख्याता, अव्वल नम्बर के धूर्त एवं ज़बर्दस्त पेटू हैं। फिर 'सत्याग्रह' में आपके पेटू स्वभाव का तो पता चला ही, पर आपके लीडरपन का भी हाल मालूम हुआ। प्रायः सर्वत्र आप अपने प्रयत्नों में असफल रहते हैं। असफलता आपकी विशेषता है। लखनऊ में आपकी वैद्यक वृत्ति का जो चित्रण 'मोटेराम शास्त्री' नाम से विगत पौष की 'माधुरी' में छपा, वह बहुत रंग लाया। लखनऊ के वैद्यों को धोखा हुआ कि मोटेराम शास्त्री हमीं हैं। हमारे परिचित वैद्य श्री गया प्रसाद जी शास्त्री श्रीहरि तो एक दिन हँसी-मज़ाक में कहने लगे, देखिए इस कहानी की बहुत-सी बातें मुझ पर चस्पाँ होती हैं। मैंने हरिद्वार में अध्यापकी की है। मैं साहित्याचार्य होने के कारण अलंकारशास्त्र भी जानता हूँ और अभी हाल ही में मैंने अपनी वैद्यक भी लखनऊ में प्रारंभ की है। पर जब उन्हें यह बात बतलायी गई कि अध्यापकी तो स्थानीय वयोवृद्ध वैद्य क्षमापतिजी एवं पं० रामनारायण जी ने भी की है। एवं अलंकारशास्त्र के ज्ञाता और उस विषय पर लेख लिखने वाले पं० राधेनारायण वाजपेयी प्रजावैद्य भी हैं तो वे हँसने लगे। इन सब वैद्यों ने आयुर्वेद-महत्त्व-प्रतिपादक लेख भी लिखे हैं। खैर, यहाँ

तक तो विनोद की बात रही। पर वास्तविक खेद है कि पं॰ शालिग्राम शास्त्री सचमुच कहानी को अपने ऊपर समझ बैठे और जाकर अदालत का द्वार खटखटाया। खैर, अब तो उनको भी विश्वास हो गया है कि हम मोटेराम नहीं हैं। इधर स्थानीय साप्ताहिक पत्र 'गरीब' ने मोटेराम की तलाश में अपने गुप्तचर छोड़े हैं। शायद वे उनका विशेष पता लगा सकें।"

मोटेराम शास्त्री की कहानी ने मुंशी जी के जीवन में एक दिलचस्प घटना प्रस्तुत की। देखा जाए तो यह घटना मुंशी प्रेमचन्द के जीवन की एक अनोखी घटना है क्योंकि उनका जीवन शांतिपूर्वक और नीरस तंगहाली में व्यतीत हो रहा था। लेकिन इस घटना ने उन्हें जहाँ एक ओर थोड़ी प्रसन्नता दी कि उनकी कहानियाँ लोगों को अंदर तक झकझोरती हैं, वहीं दूसरी ओर उनका जोश इससे दुगुना हुआ।

मोटेराम शास्त्री को पढ़ने के बाद लखनऊ के सारे वैद्य स्वयं को मोटेराम समझने लगे। इससे सहज ही यह अनुमान लगाया जा सकता है कि प्रेमचन्द की कहानियों के पात्र समाज में इर्द-गिर्द ही थे।

•••

अध्याय 9

प्रसिद्ध साहित्यकार बने

प्रेम अब तक मात्र नाम के प्रेमचन्द नहीं रह गए थे। उनकी लेखनी के कारण उनकी प्रसिद्धि चारों ओर फैल चुकी थी और वे सभी के प्रेमी बन चले थे। वे एक प्रसिद्ध साहित्यकार बन चुके थे। भारत में नहीं, अपितु विदेशों में भी उनका नाम फैल रहा था।

यह पत्र पं० बनारसी दास चतुर्वेदी ने जापान से मुंशी प्रेमचन्द को 10 जून, 1928 को प्रेषित किया था–

"अपनी सभी किताबें–यानी उपन्यास और कहानियाँ–सब मेरे मित्र मि० ताराचंद राय, प्रोफेसर ऑफ हिन्दी, बर्लिन युनिवर्सिटी के पास भेज दीजिए। मि० राय को जर्मन भाषा पर अद्‌भुत अधिकार प्राप्त है। यहाँ पर मैं इतना और बता दूँ कि वे टैगोर की जर्मनी यात्रा में बराबर उनके दुभाषिए रहे। मि० राय हमारे सर्वश्रेष्ठ लेखकों की कहानियों का अनुवाद करना चाहते हैं और मैंने उनसे कहा है कि आपसे शुरू करें। कितनी खुशी होगी मुझे आपकी कहानियों को जर्मन में देखकर, गो मैं एक शब्द नहीं जानता उस भाषा का। मि० राय को आपके जीवन के एक छोटे-से स्केच्च की भी जरूरत होगी।

मैं 1916 से आपकी कहानियों का एक तुच्छ प्रशंसक रहा हूँ। जबकि मैंने आपकी एक किताब, नवनिधि, चीफ्स कॉलेज, इंदौर में, जहाँ मैं छः साल अध्यापक रहा, पाठ्‌यपुस्तक के रूप में लगाई थी। मि० राय ने मुझको लिखा है कि अब तक किसी हिंदी पुस्तक का अनुवाद जर्मन

भाषा में नहीं हुआ। इसका मतलब है कि आपकी कहानियाँ पहली चीज होंगी। है न शानदार बात? मैं आपकी कहानियाँ जर्मन में देखने के लिए बेचैन हो रहा हूँ।"

निम्न पत्र जापान के टोकिया शहर से केशोराम सब्बरवाल ने 2 अगस्त, 1928 में लिखा। केशोराम भारतीय थे और जापान के एक पत्र में कार्यरत थे। उन्होंने लिखा–

"आपकी पहली कहानी जिसका अनुवाद मैंने किया, 'मर्यादा की वेदी' है। मेरी आशा के विपरीत वह बिल्कुल असफल रही। उसमें भारतीय इतिहास और राष्ट्रीय भावना बहुत है जिसमें जापान के पाठक-समाज को रुचि नहीं है। उसके बाद मैंने 'मुक्तिमार्ग' को लेकर अपनी तकदीर आजमाई और जब वह जून के महीने में टोकिया के 'काइजो' (पुनर्निमाण) पत्रिका में छपी तो एक तहलका-सा मच गया। काइजो जापान की ही सर्वश्रेष्ठ पत्रिका नहीं, उसकी गिनती संसार की सर्वश्रेष्ठ पत्रिकाओं में होती है। इस देश में यह एक सम्मान की, बहुत बड़े सम्मान की बात समझी जाती है कि काइजो किसी की रचना को स्वीकार कर ले। काइजो की हर महीने एक लाख प्रतियाँ बिकती हैं। एक छोटी-सी भूमिका भी उसके साथ गई है जो मि॰ सातो हार्नों ने लिखी। मि॰ सातो हार्नों आधुनिक जापान के पाँच महान उपन्यासकारों में से एक हैं।

कहानी का बहुत अच्छा स्वागत हुआ और आलोचकों ने भी उसकी प्रशंसा की। जापानियों को 'चेखोव' और 'टॉलस्टॉय' बहुत पसन्द हैं और इसलिए उनको दो किसानों का यह झगड़ा जिसका अंत इस सुंदर ढंग से हुआ है, बहुत अच्छा लगा। इतना ही नहीं, इससे उनको भारत के ग्रामीण जीवन और भारतीय चरित्र की भी थोड़ी-सी अंदरूनी झाँकी मिल जाती है। 'ज़माना' के जुबली नम्बर में आपकी एक बेहतरीन कहानी है। दो रोज हुए, मैंने 'ज़माना' मिलते ही 'मंत्र' पर काम करना शुरू किया और अभी अनुवाद का काम चल ही रहा रहा था कि 'विशाल भारत' यहाँ-वहाँ थोड़े से हेरफेर के साथ इसी कहानी को लिए हुए आया। मैंने उर्दू पाठ के अनुसार काम किया है। बस, इन कुछ शब्दों को छोड़कर–'यहाँ तो भगत की चारों और तलाश होने लगी, और भगत लपका हुआ घर चला जा रहा था कि बुढ़िया के उठने से पहले घर पहुँच

जाऊँ।' रेखांकित शब्दों ने सारे कथानक में जादू-सा डाल दिया है। मगर इस साफ़गोई के लिए माफ़ कीजिएगा, मुझे 'विशाल भारत' में छपी कहानी के अंत के तीन पैराग्राफ अच्छे नहीं लगे। मेरे जापानी सहयोगी जो कोई छोटे लेखक नहीं हैं, उनकी भी यही राय है कि तीन पैराग्राफों ने रेखांकित शब्दों के भीतर छिपी हुई सुंदरता को उघाड़ कर चौपट कर दिया। मंत्र अब भी मेरे मित्र सातो हार्नों के यहाँ पड़ी है। वे उसे पढ़ गए हैं और शायद जल्द ही उसे टोकियो की किसी प्रतिष्ठित साहित्यिक पत्रिका में प्रकाशित करवाने की युक्ति करेंगे। उनकी राय में यह कहानी मास्टरपीस है।"

कहानियों के जापान में प्रसिद्धि पाने, वहाँ के पत्रों में प्रकाशित होने की बात एक लेखक के लिए बहुत मायने रखती है। स्वभाविक है कि प्रेमचन्द को भी बहुत हर्ष हुआ होगा। उन्होंने इसके विषय में अपने मित्र शिवपूजन सहाय को भी अवगत कराया। प्रेमचन्द ने इसके बारे में केशोराम सब्बरवाल को प्रत्युत्तर देते हुए लिखा–

"आपने मेरे बारे में जो सौहार्दपूर्ण बातें कहीं हैं, उनसे मैं बहुत गौरवांवित हुआ हूँ। किसी लेखक के लिए सुधीजन की प्रशंसा से अधिक काम्य वस्तु और क्या हो सकती है। जापानी जनता से परिचित कराया जाना मैं अपने लिए सम्मान की बात समझूँगा, पर मुझे भय है कि जीवन का मेरा चित्रण उन्हें न भायेगा। उन्नत जापान को देने के लिए एक गरीब हिन्दी लेखक के पास क्या है।"

समयानुसार प्रेमचन्द की कहानियाँ जापान में प्रसिद्धि पाती गईं। सब्बरवाल से प्रेमचन्द का पत्राचार जारी रहा। प्रेमचन्द ने अपने एक पत्र में सब्बरवाल को लिखा–

"हिन्दुस्तान विदेशी जुए के नीचे पड़ा कराह रहा है। वह कला के उच्चतम शिखरों पर नहीं पहुँच सकता। यहीं पर एक गुलाम देश और एक आज़ाद देश के साहित्य में अंतर आ जाता है। हमारी सामाजिक और राजनीतिक स्थितियाँ हमको विवश करती हैं कि हम जब भी मौका पाएँ, कुछ शिक्षा दें। भावना जितनी ही प्रबल होती है, रचना उतनी ही शिक्षापरक हो जाती है। नौजवान लेखक इस मामले में सबसे बड़े पापी हैं। अपने युवकोचित उत्साह में वे कला के सिद्धांत भूल जाते हैं।"

इस पत्र के माध्यम से प्रेमचन्द ने जहाँ एक ओर एक गुलाम व आज़ाद देश के लेखकों के लिखने के अंतर को, उनकी स्थिति आदि को समझाया; वहीं युवा लेखकों की मानसिकता को भी प्रकट किया कि वे उत्साह से भरे तो होते हैं लेकिन अपने इस उत्साह के कारण वे जो प्रस्तुत करना चाहते हैं, उसे सही ढंग से प्रस्तुत नहीं कर पाते।

केशोराम सब्बरवाल ने 5 दिसम्बर, 1929 को अपने एक अन्य पत्र में प्रेमचन्द जी को लिखा–

"जापान के लोग आपकी रचनाओं के बड़े प्रशंसक हैं। खेद यही है कि उन्हें आपकी रचनाएँ अपनी भाषा में पढ़ने के लिए काफी नहीं मिलतीं। डॉ॰ टैगोर इस साल दो बार यहाँ आए थे, अमेरिका जाते हुए और अमेरिका से लौटते हुए। मैं प्राय: हर रोज उनके साथ रहा, क्योंकि वे सदा से मेरे ऊपर असाधारण रूप से कृपालु रहे हैं। लेकिन मेरी तुच्छ बुद्धि में जापान में आपकी रचनाओं का मान डॉ॰ टैगोर की रचनाओं से अधिक होगा। पहली बात तो यह है कि जापानियों ने गुरुदेव का लिखा बहुत कुछ पढ़ा है और वे उनसे कुछ भिन्न पाना चाहते हैं और फिर आप में अपनी एक खास बात है जो हिन्दुस्तान के दूसरे किसी लेखक के पास नहीं है और जो जापानियों के स्वभाव को खास तौर पर भाती है। मैं आपसे अनुरोध करूँगा कि आप उस संघर्ष से प्रेरणा लेकर, जो हमारे युवक-युवतियाँ अपनी पददलित मातृभूमि की मुक्ति के लिए कर रहे हैं, कुछ कहानियाँ देशप्रेम के विषय को लेकर लिखें।"

देखा जाए तो इस पत्र में सत्यता है कि हिन्दुस्तान में प्रेमचन्द ही ऐसे महान लेखक हुए हैं जिनकी लेखनी से निकले पात्र हिंदुस्तान भर में बिखरे पड़े हैं। उनकी रचनाएँ ऐसी प्रतीत होती हैं कि वे हमारे ही आसपास के लोगों की हैं। यह तो हमारे ही मोहल्ले का व्यक्ति है जो उनकी रचना का पात्र है आदि आदि। ऐसा किसी अन्य लेखक की लेखनी से सम्भवत: इतना कारगर ढंग से नहीं हो पाया है। और यही बात उपर्युक्त पत्र में सब्बरवाल ने व्यक्त की है।

इस तरह जापान में तो मुंशी प्रेमचन्द की कहानियाँ जापानी भाषा में प्रकाशित हुईं लेकिन जर्मन में उनकी किताबें प्रकाशित न हो सकीं। उसका कारण यही रहा कि प्रेमचन्द ने अपनी पुस्तकें वहाँ प्रेषित ही नहीं

कीं, जैसाकि स्वयं ताराचंद राय ने भी 27 नवम्बर, 1928 को मुंशी प्रेमचन्द जी को लिखा। उस पत्र के अनुसार–

"पं॰ बनारसी दास चतुर्वेदी ने एक बार मुझे लिखा था कि उन्होंने आपसे अपनी हर पुस्तक की एक-एक प्रति मुझे भेजने का अनुरोध किया है। मुझे खेद है कि अब तक आपने मुझे कुछ खबर नहीं दी। मैं यह कहने की जरूरत नहीं समझता कि आप आधुनिक युग के सबसे महान हिन्दी लेखक हैं। आपने आज के जीते-जागते हिन्दुस्तान को वाणी दी है। आपने हमारी मातृभूमि की जीवन-मरण की समस्याओं पर अपनी विराट मनीषा का आलोक फेंका है।"

अब मुंशी प्रेमचन्द के समक्ष पुस्तकें प्रेषित करने में क्या समस्याएँ थीं, यह तो वे स्वयं ही बेहतर जानते होंगे। लेकिन यदि उनकी पुस्तकें वहाँ पहुँची होतीं तो संभवतः वहाँ भी उनकी रचनाएँ प्रसिद्धि पातीं।

कन्यादान

मुंशी प्रेमचन्द अपनी लेखनी में घर को बसाने में, कभी बनारस, कभी लखनऊ, कभी लमही, कभी कानपुर आदि घूमते रहे। न जाने कब उनकी पुत्री शादी लायक हो गई और उनकी शादी की चिंता होने लगी। ऐसी तंगहाली में कैसे विवाह करें। उनकी पुत्री कमला की शिक्षा-दीक्षा तो विशेष नहीं हुई, लेकिन घरेलू कामकाज में वह दक्ष थी। इस समय मुंशी प्रेमचन्द लखनऊ में रहते थे। धीरे-धीरे पुत्री के विवाह की बात छेड़ी गई।

मुंशी जी के एक मित्र ने उन्हें अपने एक रिश्ते के भाई के विषय में जानकारी दी। प्रेमचन्द ने वर के बहनोई दशरथ लाल को पत्र लिखा–
"मैं बनारस से चार मील दूर स्थित लमही गाँव का रहने वाला हूँ। 'माधुरी' पत्र में संपादक हूँ और मैं सामाजिक अत्याचारों से त्रस्त हूँ। मेरी गंभीर समस्या है कि मुझे अपनी लड़की का विवाह करना है और आपकी सहायता से यह समस्या हल हो सकती है।"

दशरथ लाल जी ने अपनी जान-पहचान के घोड़े दौड़ाए और पता कर लिया कि पत्र लिखने वाले प्रसिद्ध लेखक मुंशी प्रेमचन्द हैं तो बहुत प्रसन्न हुए। उन्होंने प्रत्युत्तर देते हुए लिखा–"आप जैसों का पत्र तो

सौभाग्य से ही प्राप्त होता है। भले ही आपने अपने विषय में पूर्ण जानकारी न दी हो लेकिन मैंने ज्ञात कर लिया है। सूरज को चिराग की रोशनी की आवश्यकता नहीं होती है।"

तत्पश्चात् बातचीत का सिलसिला प्रारंभ हुआ। लड़की को देखा गया। शादी तय हुई। पुत्री की शादी के संबंध में यह घटना दिलचस्प लगती है जो मुंशी जी की अलग ही छवि प्रस्तुत करती है।

पुत्री के विवाह के दिन बारात आ चुकी थी। द्वारचार हुआ, बताशे फेंके गए। पैसे भी लुटाए गए, लेकिन सभी कुछ मुंशी जी के बड़े भाई बलदेव लाल ने किया। द्वारपूजा भी मुंशी जी ने नहीं की। तत्पश्चात् शिवरानी देवी ने मुंशी जी से कहा—"द्वारपूजा आपको करनी चाहिए थी?"

मुंशी जी बोले—"मुझसे ये रस्में न होंगी।"

पत्नी बोली—"कन्यादान तो आखिर आपको ही करना होगा।"

मुंशी जी ने कहा—"कन्यादान कैसा? बेजान चीज़ दान में दी जाती है। जानदार चीज़ों में तो गाय ही दी जा सकती है। फिर लड़की का दान कैसा? यह सब मुझे पसंद नहीं।"

रात्रि में कन्यादान के अवसर पर मुंशी जी उठकर अपनी जगह से नहीं आए और एक ही स्थान पर बैठे रहे। बहुत समझाने पर भी न माने। तब हारकर डॉक्टर भट्ट जी ने एक ही उपाय सोचा। वे गये और मुंशी जी को गोदी में उठाकर ले आये और मंडप में बैठा दिया। लेकिन फिर भी वे टस से मस नहीं हुए। आखिरकार शिवरानी देवी को ही कन्यादान करना पड़ा।

यह घटना मुंशी प्रेमचन्द के अनोखे व्यक्तित्व को प्रस्तुत करती है। इससे यही पता चलता है कि वे कितने साधारण, शांत एवं एकांतप्रिय थे। अपने काम-से-काम रखना। साथ ही वे रीति-रिवाज़ों से दूर थे। प्रेमचन्द कितने साधारण से थे, कोई भी उन्हें देखकर यह अंदाज नहीं लगा सकता था कि यही हैं मुंशी प्रेमचन्द—महान लेखक, उपन्यास सम्राट।

●●●

अध्याय 10

मासिक 'हंस' की उड़ान

१२ फरवरी, 1930 को मुंशी प्रेमचन्द ने निगम जी को एक पत्र लिखा जिससे पता चलता है कि वे 'हंस' नामक एक मासिक पत्र निकालने जा रहे थे। उन्होंने तैयारी पूरी कर ली थी। मार्च में उसका पहला अंक प्रकाशित किया जिसमें 'हंस' की नीति की घोषणा करते हुए उन्होंने लिखा–

"हंस के लिए यह परम सौभाग्य की बात है कि उसका जन्म ऐसे शुभ अवसर पर हुआ है जब भारत में एक नए युग का आगमन हो रहा है। जब भारत पराधीनता की बेड़ियों से निकलने के लिए तड़पने लगा है। इस तिथि की यादगार एक दिन देश में कोई विशाल रूप धारण करेगी। कहते हैं, जब श्री रामचंद्र समुद्र पर पुल बाँध रहे थे, उस वक्त छोटे-छोटे पशु-पक्षियों ने मिट्टी ला-लाकर समुद्र को पाटने में मदद की थी। इस समय देश में उससे कहीं विकट संग्राम छिड़ा हुआ है। भारत ने शांतिमय समर की भेरी बजा दी है। 'हंस' भी मानसरोवर की शांति छोड़कर अपनी नन्ही-सी चोंच में चुटकी भर मिट्टी लिए हुए समुद्र पाटने—आज़ादी की जंग में योग देने—चला है। समुद्र का विस्तार देखकर उसकी हिम्मत छूट रही है लेकिन संघ शक्ति ने उसका दिल मज़बूत कर दिया है।

न डोमिनियन माँगे से मिलेगा, न स्वराज्य। जो शक्ति डोमिनियन छीन कर ले सकती है, वह स्वराज्य भी ले सकता है। इंग्लैंड के लिए

दोनों समान हैं। डोमिनियन स्टेटस में गोलमेज कॉन्फ्रेंस का उलझावा है इसलिए वह भारत को इस उलझावे में डालकर भारत पर बहुत दिनों तक राज्य कर सकता है। फिर उसमें किस्तों की गुंजाइश है। और किस्तों की अवधि एक हज़ार वर्षों तक बढ़ाई जा सकती है। इसलिए इंग्लैंड का डोमिनियन स्टटेस के नाम से न घबड़ाना समझ में आता है। स्वराज्य में किंस्तों की गुंजाइश नहीं, न गोलमेज का उलझावा है। इसलिए वह स्वराज्य के नाम से कानों पर हाथ रखता है। लेकिन हमारे भाइयों में इस प्रश्न पर क्यों मतभेद है, इसका रहस्य आसानी से समझ में नहीं आता। वे इतने बेसमझ तो हैं नहीं कि इंग्लैंड की इस चाल को न समझते हों। अनुमान यही होता है कि इस चाल को समझकर भी वे डोमिनियन के पक्ष में हैं तो इसका कुछ और आशय है। डोमिनियन पक्ष को गौर से देखिए तो उसमें हमारे राजे-महाराजे, हमारे ज़मींदार, हमारे धनीमानी भाई ही ज्यादा नज़र आते हैं। क्या इसका कारण यह है कि वे समझते हैं कि स्वराज्य की दशा में उन्हें बहुत कुछ दबकर रहना पड़ेगा? स्वराज्य में मज़दूरों और किसानों की आवाज़ इतनी निर्बल न रहेगी? क्या ये लोग उस आवाज़ के भय से थरथरा रहे हैं? हमें तो ऐसा ही जान पड़ता है। वे अपने दिल में समझ रहे हैं कि उनके हितों की रक्षा अंग्रेजी शासन ही से हो सकती है। स्वराज्य कभी उन्हें गरीबों को कुचलने और उनका रक्त चूसने न देगा। स्वराज्य गरीबों की आवाज़ है, डोमिनियन गरीबों की कमाई पर मोटे होने वालों की।"

भारत की स्वतंत्रता के आंदोलन की राह में मुंशी प्रेमचन्द अपनी कलम से लोगों में देशभक्ति का जज़्बा पैदा कर रहे थे। जैसाकि प्रेमचन्द जी ने अपने उपर्युक्त लेख में उदाहरण दिया कि भगवान् श्री रामचंद्र ने लंका पर चढ़ाई करते समय समुद्र पर सेतु-बंधन का कार्य प्रारंभ किया तो उस कार्य में छोटे, बड़े—सभी प्रकार के जीवों ने अपनी-अपनी क्षमतानुसार सहयोग दिया। यही कार्य मुंशी जी अपनी कलम से करना चाहते थे।

वह समय भी ऐसा था जब स्वतंत्रता आंदोलन जारी था। उसी वर्ष मार्च माह में 25 तारीख को महात्मा गांधी ने ब्रिटिश सरकार के नमक कानून के विरोध में डांडी नामक स्थान से डांडी-यात्रा प्रारंभ की और नमक कानून का उल्लंघन किया जोकि उनका उद्देश्य भी था।

मुंशी प्रेमचन्द 'हंस' में इसका जिक्र नहीं करते, ऐसा कैसे संभव था। उन्होंने लिखा–

"प्रारंभ में तो यह पता नहीं चला कि गांधीजी क्या करने जा रहे हैं। उनका मज़ाक भी उड़ाया गया। एक गवर्नर ने अपने टट्टुओं को एकत्रित करके अपने दिल के फफोले फोड़ते हुए इस संग्राम को दुःखमय प्रहसन बतलाया। गवर्नर साहब को क्या मालूम था कि यह दुःखमय प्रहसन दो सप्ताह ही में आज़ादी का एक प्रचंड प्रवाह सिद्ध हो जाएगा जिसे नौकरशाही की सारी संगठित शक्ति भी न रोक सकेगी। हमारे नेता चुन-चुनकर जेल भेज दिए गये। अफसरों को नये-नये अधिकार दिए गये। यहाँ तक कि इस लू और गर्मी में देवताओं को पर्वतशिखरों से दो-एक बार उतरकर नीचे आना पड़ा, जो भारत के इतिहास में अनहोनी बात थी। लेकिन स्वराज्य सेना के कदम आगे ही बढ़े जाते हैं। जैसे बच्चे हार जाते हैं तो दाँत काटने लगते हैं, वही हाल नौकरशाही का हो रहा है। कहीं निहत्थी जनता पर डंडों और गोलियों की बौछार हो रही है, कहीं जनता में फूट डालने की कोशिश हो रही है। न कोई कानून है न कायदा, न नीति न धर्म। बस, जिधर देखिए, एक घबराए हुए आदमी की बौखलाहट। इन्हीं अन्यायों से तो हमारी विजय है। हम तो महात्माजी की सूझ-बूझ के कायल हैं। जो बात की, खुदा की कसम लाजवाब की। न जाने कहाँ से नमक खोज निकाला कि उसने देखते-देखते देश में आग लगा दी। अंग्रेजी राज्य के पहले भारत में यह कर कभी न लगाया गया था। आज भी दुनिया भर में भारत ही एक ऐसा देश है जहाँ नमक पर कर लगाया जाता है। जिस वस्तु पर दो आना मन लागत आवे उस पर बीस आने मन कर लिया जाता है। कहा जा रहा है और लिखा जा रहा है कि मुसलमान इस आंदोलन में कांग्रेस के साथ नहीं है। मुसलमान नेता जत्थेदार बन-बनकर कैद हों, मार खाएं, कितनी ही कांग्रेस कमेटियों के प्रधान और मंत्री हों लेकिन फिर भी यह कहा जाता है कि मुसलमान कांग्रेस के साथ नहीं हैं। मालूम नहीं, वह यह कहकर किसे धोखा देना चाहते हैं? हाँ, हम यह मानने को तैयार हैं कि हमारे ख़ान बहादुर साहबान, जिनकी संख्या ईश्वर की दया से, अंग्रेजों की असीम कृपा होने पर भी बहुत ज्यादा नहीं, बेशक हमारे साथ

नहीं हैं। मगर खाँ साहब नहीं हैं तो राय साहब भी तो नहीं हैं। यों कहिए कि यह उन लोगों का आंदोलन है जो अपने सारे संकटों का मोचन एकमात्र स्वराज्य ही को समझते हैं, जो गरीब हैं, भूखे हैं, दलित हैं या जो गैरत से भरा हुआ, देशाभिमान में चमकता हुआ हृदय रखते हैं और यह देखकर जिनका खून खौलने लगता है कि कोई दूसरा उनके ऊपर शासन करे।"

स्वराज्य से किसका अहित

मुंशी जी ने अपने इस लेख में सभी पर नज़र रखते हुए अपने विचार प्रस्तुत किए कि कौन-कौन इस आंदोलन में बढ़-चढ़कर हिस्सा ले रहा था। किसके दिल में इस आंदोलन के प्रति जोश है और कौन इस आंदोलन को स्वयं का आंदोलन समझ रहा है। यह समय भी ऐसा था कि लोगों के दिलों में ब्रिटिश साम्राज्य के प्रति नफरत की ज्वाला धधक रही थी। सभी उनके विरोध में थे। लोगों ने विदेशी वस्तुओं का बहिष्कार कर स्वदेशी वस्तुओं का प्रचार-प्रसार करना प्रारंभ कर दिया था। लोग जगह-जगह विदेशी कपड़ों की होली जला रहे थे। मुंशी जी अपने लेखों से लोगों के दिलों में जोश भर रहे थे। ब्रिटिश सरकार भी शांत नहीं थी। इस आंदोलन को कुचलने का वह भरसक प्रयास कर रही थी। सरकार ने अपना दमन-चक्र चला रखा था। लोगों को बर्बरता से पीटना, नेताओं को बंद कर देना, उनका प्रतिदिन का काम हो गया था। मुंशी जी ने हंस के अगले अंक में एक लेख लिखा–'स्वराज्य से किसका अहित होगा?' उन्होंने इस लेख में बताया कि समाज पर अंग्रेजी राज्य के कारण क्या प्रभाव पड़ रहा है। साथ ही यह भी बताया कि किसे किसकी फिक्र है और किसको संगठित करने की आवश्यकता है। उस लेख के कुछ महत्वपूर्ण अंश इस प्रकार हैं–

"स्वराज्य का आंदोलन गरीबों का आंदोलन है। अंग्रेजी राज्य में गरीबों, मज़दूरों और किसानों की दशा जितनी खराब है और होती जा रही है, उतनी समाज के और किसी अंग की नहीं। कांग्रेस के सदस्य अथवा और लोग भी कभी-कभी न्याय और नीति के नाते भले ही किसानों की वकालत करें लेकिन किसानों के नाना प्रकार के दुःखों और वेदनाओं की,

उन्हें वह अखर (समझ) नहीं हो सकती जो एक किसान को हो सकती है। छोटे हों या बड़े, सभी उन्हीं को नोचते हैं। सब उन्हीं का रक्त और मांस खाकर मोटे होते हैं। पर कोई उनकी खबर नहीं लेता। ऐसे लोगों की बिखरी हुई शक्ति को संगठित करने की कोशिश की जाती है तो सरकार, ज़मींदार, सरकारी मुलाज़िम और महाजन सभी भन्ना उठते हैं। इसलिए यह कहना गलत नहीं है कि स्वराज्य किसानों की माँग है, उन्हें जिन्दा रखने के लिए आवश्यक है, अनिवार्य है।"

डंडा शास्त्र

मुंशी जी की नज़र उन लोगों पर गई जो वास्तव में इधर-उधर बिखरे हुए थे। उनमें देशभक्ति कूट-कूट कर भरी थी। लेकिन इधर-उधर फैल-फूट होने के कारण वे कुछ नहीं कर पाते थे। अतः आवश्यकता थी तो उन्हें संगठित कर एक साथ उनकी शक्ति का उपयोग करने की। उन्हें संगठित न होने देने का कारण मुंशी जी ने यह प्रस्तुत किया कि यदि वे जागृत हो गए तो ज़मींदार, महाजन, सरकार आदि को इससे घाटा होता। इसलिए स्वराज्य के असली अधिकारी प्रेमचन्द ने किसानों को, गरीबों को बताया; क्योंकि यही वे लोग थे जो अपनी शक्ति का वास्तविक उपयोग नहीं कर पा रहे थे। ब्रिटिश सरकार आंदोलन को रोकने के लिए लोगों की गिरफ्तारी में लगी हुई थी और पुलिस ज़ोर-ज़बरदस्ती में। इस संबंध में मुंशी जी का यह लेख विशिष्ट है–

"यों तो इंग्लैंड ने पिछले सौ सालों में बड़ी-बड़ी अद्‌भुत चीजों का आविष्कार किया, बड़े-बड़े दार्शनिक और वैज्ञानिक तत्त्वों का निरूपण किया, लेकिन सबसे अद्‌भुत आविष्कार जो उसने हिन्दुस्तान की नौकरशाही के संयोग से किया है और जो अनंतकाल तक उसकी यश की ध्वजा को फहराता रखेगा, वह नीतिशास्त्र का वह चमत्कारपूर्ण, युगांतरकारी आविष्कार है जिसे डंडाशास्त्र कहते हैं। इसने शासन-विज्ञान को कितना सरल, कितना तरल बना दिया है। अब न कानून की जरूरत है न व्यवस्था की, कौंसिलें और असेम्बलियाँ सब व्यर्थ, अदालतें और महकमे सब फ़िजूल। डंडा क्या नहीं कर सकता। वह अजेय है, सर्वशक्तिमान है। बस डंडेबाजों का एक दल बना लो, पक्का, मज़बूत,

अटल दल। वह सारी मुश्किलों को हल कर देगा। मज़दूरों की सभा मज़दूरी बढ़ाने का आंदोलन करती है—दो डंडा। किसानों की फ़सल मारी गई, वे लगान देने में अमसर्थ हैं, कोई मुज़ायका नहीं—दो डंडा। तान-तानकर, कस-कसकर। डंडा सर्वशक्तिमान है, रुपये निकलवा लेगा। कोई ज़रा भी सिर उठाए, ज़रा भी चूँ करे, दो डंडा। वह युवक कपड़े की दुकान पर खड़ा है, खरीदारों से कह रहा है, विलायती कपड़े न खरीदो—दो डंडा। उसकी इतनी हिम्मत कि इंग्लैंड की शान में ऐसी अनर्गल बात मुँह से निकाले, ऐसा मारो कि ज़बान ही बंद हो जाए। वह देखना, एक स्वयंसेवक शराब-ताड़ी की दुकान पर जा पहुँचा। नशेबाजों को समझा रहा है—दो डंडा। देर न करो, ताबड़तोड़ लगाओ, खूब कसकर लगाओ। कितनी जाँफिशानी और परेशानी के बाद यह आविष्कार हो पाया है। इसका पेटंट करा लेना चाहिए, वर्ना शायद कोई दूसरी जाति इस पर अधिकार कर बैठे।

अहा हा! कितना सुंदर दृश्य है। वह सड़क पर कई हज़ार आदमी झंडा लिए, कौमी नारे लगाते चले आ रहे हैं। बच्चे भी हैं, स्त्रियाँ भी हैं, बूढ़े भी हैं। अपने देश से प्रेम करने के लिए उम्र की कैद नहीं है। इधर लट्ठबंद, भालेबंद और राइफलबंद पुलिस के जवान पैंतरे बदल रहे हैं जैसे शिकारी कुत्ते शिकार को देखकर अधीर हो जाते हैं कि कब छूटें और शिकार पर टूट पड़ें। ज़ंजीर खोलते-खोलते आफत आ जाती है। बिल्कुल यही हाल हमारे पुलिस के इन शूरवीरों का है जिनमें अंग्रेजी सार्जेण्ट तो उबला पड़ता है, बहादुरी का जोश उसके दिल में आँधी की तरह उमड़ा आ रहा है। हुक्म मिलता है—चार्ज। फिर देखिए इन सूरमाओं की बहादुरी। निहत्थे, सिर झुकाकर बैठे हुए, ज़बान बंद रखने वाले आदमियों पर डंडों और भालों का वार शुरू हो जाता है। अगर किसी तरफ से एकाध पत्थर आ गया, चाहे वह खुफिया पुलिसवालों ने क्यों ने फेंका हो, तो प्रलय हो गया। बस 'फायर' का हुक्म मिल गया। धड़ाधड़ बन्दूकें चलने लगीं और लोग पड़ापड़ गिरने लगे और हमारे अफ़सर लोग खुश हो-होकर तालियाँ बजाने लगे। वाह, क्या बहादुरी है, क्या डिसिप्लिन है।"

अंग्रेजों की कुदृष्टि

इस लेख ने अंग्रेजों को हिला कर रख दिया। उन्होंने मुंशी जी की प्रेस पर प्रेस एक्ट के अंतर्गत कार्यवाही की क्योंकि ब्रिटिश सरकार को कुछ न कुछ तो अवश्य करना ही था। अतः उसने प्रेस से ज़मानत माँगी और ज़मानत भी एक हज़ार रुपये की। मुंशी जी भी जानते थे 'हंस' पत्र पर ब्रिटिश सरकार की कुदृष्टि पड़ चुकी है और यह अच्छे संकेत नहीं हैं। लेकिन कुछ माह पश्चात् प्रेस अध्यादेश स्वतः ही हट जाने के बाद मुंशी जी पुनः पूर्ण जोश के सांथ कलम से आग उगलने लगे–

"चारों ओर हमारी ही जीत के लक्षण दिखाई पड़ रहे हैं। जब राजसंस्था अपने कानूनों को रौंदना शुरू कर दे तो उसकी दशा उस पागल की भाँति समझनी चाहिए जो स्वयं ही अपनी देह को दाँतों से काटता है। ऐसा प्राणी अधिक दिनों तक जीवित नहीं रह सकता। समाचार पत्रों के बंद करने में बेशक सरकार को सफलता हुई लेकिन कानून तोड़कर साइक्लोस्टाइल पर छपने वाले पर्चों ने शासकों की नाक ही तराश ली। कहीं खादी पहनना मना है, कहीं तकली का व्यवहार करना अपराध है। आपको डंडे चलाना और हमें डंडे खाना मुबारक है।"

मुंशी जी ने ब्रिटिश सरकार के प्रेस अध्यादेश लगाने और उसे हटा लेने पर पलट वार करते हुए उपर्युक्त लेख लिखा। साथ ही कहा कि यह आंदोलन पूरे उफान पर है और यदि इसी प्रकार यह आंदोलन चलता रहा तो जीत निश्चित है। इसके लिए अब इतना आगे बढ़ने या इस आंदोलन को और तीव्र करने की आवश्यकता है। संगठित होना भी आवश्यक था। वह इसलिए जिससे जगह-जगह यह आंदोलन फैले और ब्रिटिश सरकार की नाक में दम हो जाए। मुंशी प्रेमचन्द की इच्छा थी कि उन लोगों को जागृत किया जाए जो इस आंदोलन से वंचित हैं या जिनके पास उन लोगों की पहुँच नहीं है जो उन्हें जागृत कर सकें। यही सोचकर प्रेमचन्द ने 'हंस' में एक ज़बरदस्त लेख लिखा–

"क्या हम तुम्हें बतावें कि क्षत्रिय-धर्म क्या है? यह तुम मुझसे कहीं ज्यादा जानते हो। यह धर्म अपने संस्कारों के रूप में लेकर तुमने जन्म लिया है। बत्तख के बच्चे को कोई तैरना सिखाता है या सिंह के बालक को शिकार करने की शिक्षा देनी पड़ती है? क्या हम नौजवान

क्षत्रियों से कहें, आज तुम्हारा धर्म क्या है? तुम्हारे बुजुर्गों ने किस तरह अपने धर्म का पालन किया था? क्या गरीबों को पीसकर, किसानों का गला दबाकर, छोटी-छोटी नौकरियों के लिए अफसरों की चौखट पर नाक रगड़-रगड़कर, ज़रा-सी रिआयत के लिए नीच-से-नीच खुशामद करके, उपाधि और पदवी के लिए अधिकारियों के सामने मत्था टेककर ही उन्होंने धर्म का पालन किया था? कभी नहीं। वे सत्य की रक्षा में जानें लड़ा देते थे। मजाल न थी कि उनके देखते कोई बलवान किसी दुर्बल को दबा ले। उसका खून पी जाते। दीन की पुकार सुनकर उनके खून में जोश आ जाता था।

क्या तुम भी उसी नीति को पालोगे जो अफसरों के स्वागत में गरीबों के पैसे उड़ाते हैं, जो दीनों के रक्त से अमीरों और विशेषत: अधिकारियों की दावतें करती है? नहीं, जो लोग बूढ़े हो गए हैं, जिनमें जोश नहीं, जान नहीं, मान नहीं, जिनकी नसों में अभी तक नवाबों के ज़माने की आरामतलबी और ऐशपरस्ती भरी हुई है, उसको सलामियाँ करने दो, दावतें खिलाने दो, डालियाँ पेश करने दो, खानसामों और बैरों की नाज़बरदारियाँ करने दो, मगर तुम नौजवानों से हम यह आशा नहीं रखते क्योंकि तुमने उस युग में जन्म लिया है जब पृथ्वी के हरेक भाग में गुलामी की बेड़ियाँ टूट रही हैं। परम्परा के बंधन ढीले हो रहे हैं। अन्याय एड़ियाँ रगड़ रहा है। सत्य और न्याय की विजय हो रही है। तुम्हारी आँखों के सामने संसार में क्या-क्या तबदीलियाँ हो गईं, तुम नहीं जानते? रूस की ज़ारशाही मिट गई, ईरान की कजकुलाही मिट गई, तुर्की की शाहंशाही मिट गई, चीन की खाकानी मिट गयी, जर्मनी की क़ैसरशाही मिट गई, यहाँ तक स्पेन ने भी स्वाधीनता की साँस ली। मगर भारत कहाँ है? वहीं जहाँ था। दीन, दु:खी, दरिद्र। इसलिए कि क्षत्रियों ने धर्म का पालन करना छोड़ दिया। क्या तुम जवान होकर भी उसी बूढ़ी, खूसट, लज्जास्पद, कायरता से भरी हुई, खुशामद में डूबी हुई नीति का पालन करोगे? कभी नहीं। तुम नए युग के नामलेवा हो, तुम जवान हो, सजग हो, अभी नीच स्वार्थ ने तुम्हें अपने रंग में नहीं रँगा, अभी तुम्हारी कमर ने झुकना नहीं सीखा, तुम्हारे सिर ने सिजदे करना नहीं सीखा, तुममें जोश है।"

इस लेख से मुंशी प्रेमचन्द ने देश के युवाओं को पुनः उबाल लाने की प्रेरणा दी और जोश के साथ स्वतंत्रता आंदोलन में कूदने को कहा। इस लेख के बाद मुंशी प्रेमचन्द की दृष्टि उन लोगों पर गई जिनकी मानसिकता गुलामी में रहते हुए वैसी ही हो गई थी। विदेशियों की तरह रहना, उन्हीं की तरह कपड़े पहनना, उनकी भाषा को अपनाना, उपयोग करना। इन लोगों के ज़मीर को झकझोरने के लिए मुंशी जी ने यह लेख लिखा–

मानसिक पराधीनता

"हम दैहिक पराधीनता से मुक्त होना तो चाहते हैं पर मानसिक पराधीनता में अपने आपको स्वेच्छा से जकड़ते जा रहे हैं।

कलचर (सभ्यता या परिष्कृति) एक व्यापक शब्द है। हमारे धार्मिक विचार, हमारी सामाजिक रूढ़ियाँ, हमारे राजनीतिक सिद्धांत, हमारी भाषा और साहित्य, हमारा रहन-सहन, हमारे आचार-व्यवहार, सब हमारे कलचर के अंग हैं, पर आज हम कितनी बेदर्दी से उसी कलचर की जड़ काट रहे हैं। दफ्तरों में तो हमें अंग्रेजी में काम करना ही पड़ता है, पर उस भाषा की सत्ता के हम ऐसे भक्त हो गए हैं कि निजी चिट्ठियों में, घर की बातचीत में भी उसी भाषा का आश्रय लेते हैं। स्त्री–पुरुष को अंग्रेजी में पत्र लिखती है, पिता–पुत्र को अंग्रेजी में पत्र लिखता है। दो मित्र मिलते हैं तो अंग्रेजी में वार्तालाप करते हैं, कोई सभा होती है तो अंग्रेजी में। डायरी अंग्रेजी में लिखी जाती है। वाह! क्या भाषा है! क्या लोच है! कितनी मार्मिकता है, विचारों को व्यंजित करने की कितनी शक्ति, शब्द-भंडार कितना विशाल, साहित्य कितना बहुमूल्य, कितना परिष्कृत, कविता कितनी मर्मस्पर्शिणी, गद्य कितना अर्थबोधक! जिसे देखो अंग्रेजी ज़बान पर लट्टू, उसके नाम पर कुर्बान है।

भाषा को छोड़िए, वेशभूषा पर आइए। आप उन साहब बहादुर को देख रहे हैं जो हैट-कैट लगाए, गरूर से इधर-उधर देखते चले जा रहे हैं? ये हमारे हिन्दुस्तानी यूरोपियन हैं। रास्ते से हट जाओ, साहब बहादुर आते हैं। साहब को सलाम करो, आप पूरे साहब बहादुर हैं। मुझे तो आप सिर से पाँव तक गुलाम नज़र आते हैं, जो अपनी गुलामी का उसी

बेशर्मी से प्रदर्शन कर रहे हैं, जैसे कोई वेश्या अपने हाव-भाव का। आपमें आत्मबल अवश्य है, बड़े ऊँचे दर्ज़े का आत्मगौरव, आप लोकमत को ठुकरा देते हैं। लेकिन उसी आत्मगौरव के पुतले से कहिए कि ज़रा शाम को बिना फेल्टकैप लगाए किसी अंग्रेजी क्लब में चला जाए, तो उसके हाथ-पैर फूल जाएँगे, खून ठंडा हो जाएगा, चेहरा फ़क हो जाएगा। इसलिए कि उसका आत्मगौरव केवल अपने भाइयों पर रौब जमाने के लिए है, उसमें सार का नाम नहीं। वह जिस समाज में मिलना चाहता है, उसकी छोटी से छोटी रूढ़ियों की भी अवहेलना नहीं कर सकता। जनता को वह समझता है, हमारा कर ही क्या लेगी।

अपने एक मित्र साहब बहादुर से मैंने पूछा—"तुम इस ठाट से क्यों रहते हो?" तो बड़े दार्शनिक भाव से बोले—"इसलिए कि अंग्रेजों से मिलने जाता हूँ तो जूते बाहर नहीं उतारने पड़ते। जो लोग अचकन और टोपी पहनकर जाते हैं, उन्हें जूते उतार देने पड़ते हैं।"

मैं कहता हूँ, जो स्वार्थ लेकर अंग्रेजों से मिलने नहीं जाते, वे अचकन नहीं मिर्जई भी पहने हों तो उन्हें जूते उतारने की जरूरत नहीं और जो स्वार्थ लेकर जाते हैं वे किसी वेश में हों उनकी आत्मा दबी रहती है।"

इस लेख में अंग्रेजों के पिट्ठुओं की जमकर खिंचाई की गई और बिल्कुल सही लिखा गया कि ऐसे लोग केवल अपने ही लोगों पर रौब जमा पाते हैं और अंग्रेजों के सामने ऐसे दब्बुओं की तरह रहते हैं जैसे कि बिल्ली को देख चूहे अपने-अपने बिलों में छिप जाते हैं। यह गुलामी नहीं तो क्या है? लोगों की यह गुलामी—मानसिक गुलामी थी जिससे उबरना अत्यंत आवश्यक था और यह लेख ऐसे ही लोगों के लिए था।

विष्णुनारायण को श्रद्धांजलि

वर्ष 1931 में 'माधुरी' के मालिक बाबू विष्णुनारायण भार्गव का स्वर्गवास हो गया। मुंशी प्रेमचन्द माधुरी से जुड़े रहे थे, अतः 'ज़माना' में एक लेख लिखकर उन्होंने अपनी श्रद्धाजंलि दी। उन्होंने लिखा—

"स्वर्गीय मुंशी विष्णु नारायन के अस्तित्व का कण-कण रईस

था। रईसों की खूबियाँ सब थीं, बुराइयाँ एक भी नहीं। मुरौवत के पुतले थे। किसी याचक को निराश करना उन्होंने सीखा ही न था। किसी दोस्त की दिलशिकनी उनके बूते से बाहर थी। मुलाजिमों की तादात हज़ारों तक पहुँचती थी मगर कभी किसी को तेज निगाहों से न देखा। ग़बन के मामले पेश हुए, अयोग्यता और सुस्ती की शिकायतें रोज़ ही आती रहती थीं। सरीहन बदनीयती के वाकये भी बार-बार सामने आए, पर हमेशा दरगुजर कर जाते थे।

दिवंगत की अवस्था अभी कुछ न थी। लखनऊ का यह विद्याप्रेमी खानदान अल्पायु है। मुंशी प्रयाग नारायण साहब का देहांत 42 वर्ष की उम्र में हुआ। उनके साहबज़ादे ने कुछ और कमी कर दी। अभी चौंतीसवाँ ही साल था। उनका पहनावा बिल्कुल सादा था। बाहर निकलते तो अचकन और चुस्त पाजामा बदन पर होता, सिर पर फेल्ट क्लैप। उनका दरबार हर खास व आम के लिए खुला रहता था। न कार्ड भेजने की जरूरत न इत्तला कराने की पाबंदी। दीवानखाने के सामने बरामदे में बैठे हुक्का पी रहे हैं। मित्र और कर्मचारी, याचक और असामी सभी आते हैं और अपनी बात कहकर चले जाते हैं। सबसे यकसाँ शराफ़त और मुहब्बत से पेश आते हैं। मिज़ाज में झूठी शान का नाम नहीं, घमंड की बू नहीं। अफ़सोस कि वह जगह हमेशा के लिए खाली हो गई।"

हिन्दू-मुस्लिम दंगे

ब्रिटिश सरकार किसी-न-किसी तरह स्वतंत्रता के इस आंदोलन को दबाने के लिए कभी हिन्दुओं को तो कभी मुसलमानों को भड़काकर दंगा करवाती रहती थी जिससे आंदोलन कमज़ोर पड़ जाए। इसी के चलते जगह-जगह पुनः हिन्दू-मुस्लिम दंगे भड़क उठे। कानपुर में हुए दंगों में श्री गणेश शंकर विद्यार्थी भी शहीद हो गए थे। चारों ओर दहशत का माहौल था। इन सबका कारण राजनीति थी जो लोगों का खून बहा रहा थी। मुंशी जी ने अपने लेख में इसके विषय में लिखा–

"इस समय जो दंगे हो रहे हैं, उनके कारण राजनीतिक है। काशी में एक विदेशी कपड़े के व्यापारी की हत्या ने बारूद में आग लगायी। असहयोग में हमारा विश्वास है, लेकिन हम कहने से बाज़ नहीं रख सकते

हैं कि कांग्रेस ने मुसलमानों को अपना सहायक बनाने की ओर उतनी कोशिश नहीं की जितनी करनी चाहिए थी। बुद्धि यह मानने को तैयार नहीं है कि जो सरकार राजनीतिक आंदोलन का दमन करने में इतनी तत्परता से काम ले सकती है, इतनी आसानी से गोलियाँ चलवा सकती है, वह इस अवसर पर इतनी अशक्त हो गयी कि उसकी उपस्थिति में रक्त की नदी बह गयी और वह कुछ नहीं कर सकी। संभव है, सरकार की इस दलील में कुछ सत्य हो कि वह इस दंगे को दबाने के लिए काफी शक्ति न रखती थी, पर साधारण जनता जिस नतीजे पर पहुँची है, वह यह है कि सरकारी कर्मचारियों ने जानबूझकर केवल यह दिखाने के लिए कि बगैर सरकारी सहायता के तुम कुछ नहीं कर सकते, यहाँ तक कि शांतिपूर्वक रह भी नहीं सकते और तुम्हें एक-दूसरे को फाड़ खाने से बचाने के लिए एक तीसरी बलवान शक्ति का रहना अनिवार्य है, यह सब होने दिया। कानपुर के इस हत्याकांड में राष्ट्र को जो सबसे भयंकर क्षति पहुँची है; वह विद्यार्थी जी की शहादत है। लुटा हुआ धन फिर आ जाएगा, उजड़े हुए घर फिर आबाद हो जाएँगे, माताओं की गोद में फिर बच्चे खेलेंगे, पर वह कर्मवीर—भारत से सदैव के लिए उठ गया।

"विद्यार्थी जी के जीवन की सरलता और पवित्रता सात्त्विक थी। हम यह तो नहीं कह सकते कि हमारी उनसे घनिष्ठता थी, पर साल में दो-तीन बार हमें उनके दर्शनों का सौभाग्य अवश्य हो जाता था और उनके दर्शनों से आत्मा पर आशीर्वाद का-सा जो असर पड़ता था, वह अकथनीय है।

"इस विद्रोह के एक या दो दिन पहले लखनऊ कांग्रेस कमेटी के दफ्तर में हमें उनके दर्शन हुए थे। उनके जेल से लौटने के बाद मैं उनसे न मिल सका था।"

अंग्रेजों ने पूर्व में गोलमेज कांफ्रेंस का बहाना कर एक सभा की; लेकिन उसका कुछ परिणाम नहीं निकला। पुलिस और मजिस्ट्रेटों को ब्रिटिश सरकार ने ज़बरदस्त अधिकार दे रखे थे। एक तरह से वे ही राजा थे–जो चाहे सो करें। वर्ष 1931 के अंत में पुनः ब्रिटिश सरकार ने चाल चली और लंदन में पुनः गोलमेज कांफ्रेंस आयोजित की। इस बार उन्होंने महात्मा गांधी को भी इस सभा में निमंत्रित किया। गांधी जी गए लेकिन

नतीजा वही शून्य अर्थात् कुछ हाथ नहीं लगा। यहाँ आकर गांधी जी ने पुनः अपनी योजना के अनुसार कार्य प्रारंभ किया। दूसरी ओर अन्य कांग्रेसी भी जुलूस, धरने, प्रदर्शन आदि जारी रखे थे और उन पर पुलिस की बर्बरता जारी थी। जुलूस निकालने वालों पर लाठियाँ बरसाना, उनका सिर फोड़ना, उन्हें खून से लथपथ कर छोड़ देना, एक तरह से यह पुलिस की रोज़ की कार्यवाही हो गई थी। सरकार ने देश के बड़े-बड़े नेताओं–महात्मा गांधी, जवाहरलाल नेहरू, सरदार वल्लभभाई पटेल आदि को पकड़कर जेल में बंद कर दिया था। सरकार केवल स्वयं के हित के लिए ही कार्य कर रही थी। हिन्दुस्तान की जनता से उसे कोई सरोकार नहीं था। वह क्या चाहती है, सरकार एक कान से सुनकर दूसरे से निकाल देती थी। सरकार ने इसका तोड़ निकालते हुए लोगों को बाँटने की नीति प्रारंभ की। वह हिन्दुओं और मुसलमानों को अलग करने की बात करने लगी। हिन्दू और मुस्लिमों के लिए अलग-अलग निर्वाचन की बात रखी गई। अर्थात् सरकार कभी कोई, कभी कोई नीति अपनाती रहती लेकिन देश को स्वतंत्र करने की कोई नीति नहीं बनाती।

मुंशी प्रेमचन्द ने इसी संदर्भ में अप्रैल, 1932 के 'हंस' में यह लेख लिखा–

"कांग्रेस के स्वराज्य माँगने का क्या उद्देश्य है? क्या केवल अधिकार या ओहदे? देश में आधे आदमी बेकार पड़े हुए हैं, सौ में नब्बे आदमियों को पेटभर भोजन नहीं मिलता, सौ से में नब्बे आदमी लिख-पढ़ नहीं सकते। कहीं साहूकार उनके मुँह का कौर छीन लेता है, कहीं पुलिस। हमारे विधाताओं को अपने हलवे-माँड़े से रत्ती भर की कमी भी स्वीकार नहीं। सब खर्च ज्यों का त्यों चल रहा है। प्रजा के पास लगान देने को कुछ न हो मगर सरकार अपना लगान वसूल करके ही छोड़ेगी, चाहे किसान बिक जाए, तबाह हो जाए। प्रजा के रहने को झोंपड़े मयस्सर नहीं, सरकार को नई दिल्ली बनवाने की धुन है। प्रजा को रोटियों का ठिकाना नहीं, अधिकारियों को दस-दस और पाँच-पाँच हज़ार वेतन अवश्य मिलना चाहिए।

सरकार यों तो जनता के हित साधन का राग अलापते नहीं थकती, लेकिन जब उसका परिचय देने का समय आता है तो बगलें झाँकने

लगती है। गोलमेज सभा में भी विधाताओं को इसकी फ़िक्र न थी कि प्रजा की दशा क्योंकर सुधारी जाए, बल्कि यह फिक्र थी कि कांग्रेस की शक्ति क्योंकर तोड़ी जाए। अतः इस उद्देश्य के लिए पृथक् निर्वाचन का विधान सोच निकाला। जो कुछ रही-सही आशा थी, उसका फेडरेशन (राज्यों का संघ) ने चिराग गुल कर दिया। धन्य है वह मस्तिष्क जिसने फेडरेशन की कल्पना की। सुनने में तो ऐसा मालूम होता है कि यह विधान संयुक्त राज्य अमेरिका के नमूने पर रचा जा रहा है। राजाओं को एक तिहाई जगहें दे दी जाएँगी। मुसलमान भाई एक तिहाई लिए ही बैठे हैं। बाकी एक तिहाई में अछूत, दलित, हिंदू, ईसाई, सिख, ज़मींदार, व्यापारी, किसान, स्त्री और न जाने कितने विशेषाधिकारों के लिए स्थान दिया जाएगा। राष्ट्र का अंत हो गया। मुसलमान जिस तरफ अपना फायदा देखेंगे, उधर जाएँगे। सभी दल अपनी-अपनी रक्षा करेंगे, राष्ट्र की रक्षा कौन करेगा?"

तरुण लेखकों को प्रोत्साहन

'हंस' में प्रेमचन्द तत्कालीन हर स्थिति पर नज़र रख उस पर लेख लिख रहे थे। प्रेमचन्द उस समय के तरुण लेखकों को भी लेखन के प्रति उत्साहित करते कि वे भी अपनी कलम का अच्छा उपयोग कर लोगों को लाभान्वित करें। मुंशी प्रेमचन्द ने अपने परिचित श्री सद्‌गुरुशरण को 19 मार्च, 1932 को पत्र लिखा कि यदि उनकी कक्षा में साहित्यिक रुचि के छात्र हों तो उन्हें लेखन की प्रेरणा देते रहें। उसी समय वीरेश्वर सिंह एक तरुण लेखक हुए जिन्होंने अभी-अभी लिखना प्रारंभ किया था। उसकी लेखनी जब प्रकाशित होने लगी तो प्रेमचन्द ने उन्हें पत्र लिखकर उनका उत्साहवर्द्धन किया। धीरे-धीरे पत्राचार बढ़ता रहा। प्रेमचन्द उनकी रचनाओं पर उनका मार्गदर्शन करते रहे। साथ ही लिखने से संबंधित त्रुटियों को भी समझाते। कहने का तात्पर्य है कि मुंशी प्रेमचन्द उन लोगों में से नहीं थे जो दूसरे लेखक को लेखन के क्षेत्र में देखकर उसे अपना प्रतियोगी समझें अपितु वे उनका उत्साहवर्द्धन करने वालों में थे। उन्होंने अपने एक पत्र में वीरेश्वर को लिखा- "प्रोपेगण्डा से बचें तो बेहतर होगा। मैं भी इसका रोगी हूँ। लेकिन यह

दोष है। विश्व की सर्वश्रेष्ठ कहानियाँ पढ़ते रहें और लिखना तो ईश्वर की प्रेरणा है, शक्ति है। इसे केवल अभ्यास से ही बढ़ाया जा सकता है। लेकिन जहाँ अभ्यास नहीं होता, वहाँ पूरा-का-पूरा पुस्तकालय पढ़ जाने पर भी कुछ नहीं।"

'जागरण' का जन्म

वैसे तो ब्रिटिश सरकार ने प्रेस अध्यादेश समाप्त कर दिया था लेकिन आए दिन अखबारों से ज़मानत माँगी जा रही थी। 'हंस' पर भी ज़मानत माँगी गई। 'हंस' पत्र चलते हुए मुंशी प्रेमचन्द को हमेशा की भाँति इस बार भी तमाम परेशानियाँ झेलनी पड़ीं। सबसे बड़ी परेशानी थी– आर्थिक। पत्र चल नहीं रहा था। कई बार उन्होंने सोचा इसे बंद कर दिया जाए लेकिन फिर यह सोचकर रह जाते कि यदि पत्र बंद कर दूँ तो इसके साथ काम करने वाले मशीन मैन, कम्पोजिटर आदि सभी की रोज़ी पर गाज़ गिरेगी। बस, यही सोचकर वे चुप हो जाते। लेकिन जब 'हंस' से ज़मानत माँगी गई तो मुंशी प्रेमचन्द सोचने पर मज़बूर हो गए कि क्या करें। उन्होंने ज़मानत कटवाने के लिए प्रयास किए। साथ ही साप्ताहिक अखबार 'जागरण' भी ले लिया और उसे भी निकालने का कार्य प्रारंभ किया। इसी संबंध में प्रेमचन्द जी ने 15 अगस्त, 1932 को अपने लेखक मित्र जैनेन्द्र कुमार को लिखा–

"मैंने गवर्नमेंट को एक स्टेटमेंट लिखकर भेजा है, ज़मानत उठाने के लिए। यदि उठ गई तो पत्रिका तुरंत ही निकल जाएगी। अन्यथा समस्या टेड़ी हो जाएगी। मेरे पास न रुपये हैं न प्रामिसरी नोट, न सिक्योरिटी।

इसी बीच मैंने 'जागरण' ले लिया है। 'जागरण' के बारह अंक निकले लेकिन ग्राहक संख्या दो सौ से आगे न बढ़ी। विज्ञापन तो व्यासजी ने बहुत किया लेकिन वे अब उसे बंद करने जा रहे थे। मैंने उसे ले लिया। 'हंस' में घाटा उठा चुका हूँ। लेकिन साप्ताहिक के प्रलोभन को रोक न सका। इसमें भी हज़ारों का घाटा ही होगा, पर करूँ क्या। यहाँ तो जीवन ही एक लम्बा घाटा है।"

साहस और दृढ़ निश्चय के कारण मुंशी प्रेमचन्द इतनी बड़ी-बड़ी ज़िम्मेदारी हाथ में लेते थे। यह उनकी लगन व ललक ही थी जो इतने

बड़े घाटे उठाने के बाद भी वे हिम्मत नहीं हारते थे और पुनः नए जोश के साथ नए काम में जुट जाते थे। हंस में वे हज़ारों का घाटा उठा चुके थे फिर भी 'जागरण' को चलाने का भार उठा लिया। हालाँकि उनके पास पैसा नहीं था, लेकिन पत्र निकालने की ललक बहुत थी। ऐसा भी नहीं था कि वे किसी का सहारा लेते थे अपितु स्वयं सभी ज़िम्मेदारियाँ लेकर कार्य करते थे। अब मुंशी जी के हाथ में नया काम, 'जागरण' को निकालना था। उन्होंने 'जागरण' प्रारंभ किया और 22 अगस्त, 1932 को अपने पहले अंक में लिखा–

"उसका जन्म अच्छे कुल में हुआ। परखने वाले परख गए कि यह बालक होनहार है पर साहित्य के परिमित क्षेत्र में उसका विकास जैसा होना चाहिए, वैसा न हो सका। हाथ-पैर मारने वाला बालक पालने में कैसे रहता, इसलिए इसके जन्मदाताओं को ऐसे अभिभावक की जरूरत पड़ी जो ज़रा निष्ठुर हाथों से उसकी गोशमाली कर दिया करे, जो ममता भरे माखन और मिश्री की जगह सूखे चने और रूखी रोटियाँ खिलाए, क्योंकि संसार पहले चाहे लाड़-प्यार में पले बालकों को बढ़ने का अवसर देता हो, अब तो समय उनके अनुकूल नहीं रहा। आज संसार में वही बालक बाज़ी ले जाते हैं जिन्होंने बालपन में कड़ियाँ झेली हों, धक्के खाए हों, भूखे सोए हों, जाड़ों में ठिठुरे हों। हमारे ऊपर इंतखाब की निगाह पड़ी। हम कह नहीं सकते हम क्यों इस काम के लिए चुने गए। हम इस काम में कुछ अभ्यस्त नहीं हैं। अभी केवल चिड़िया पाली है। शिकारियों के दो निशाने उस पर लग चुके हैं। पहले से बच गए, दूसरे से बचते हैं अथवा नहीं; कह नहीं सकते। बालक को निर्भीक, सत्यवादी, परिश्रमी, स्वस्थ, विचारवान बनाने का प्रयत्न करेंगे। हमारी यही चेष्टा होगी कि वह किसी की खुशामद न करे लेकिन विनय को हाथ से न जाने दे। वह कभी-कभी कड़वी बातें भी कहेगा पर स्वभाव से। उसमें आस्था और श्रद्धा अवश्य होगी पर अंधविश्वास नहीं। उसका ध्येय होगा सत्य की खोज। वह निर्भीक होगा पर दु:साहसी नहीं। वह सत्यवादी होगा, सत्य से जौ भर न टलेगा। परंतु पक्षपात से अपना दामन बचाएगा। वह बूढ़ों में बूढ़ा, जवानों में जवान और बालकों में बालक होगा। वह जिस दृढ़ता से न्याय का पक्ष लेगा, उतनी ही दृढ़ता से अन्याय का

विरोध करेगा। चाहे वह राजा की ओर से हो, समाज की ओर से हो अथवा धर्म की ओर से। समाज का दुःखी और दुर्बल अंश उसे सदा अपनी वकालत करते हुए पाएगा। वह कोरा, न्यायवादी, गंभीर और शुष्क न रहेगा। वह मनुष्य केवल आधा ही जिन्दा है जो कभी दिल खोलकर नहीं हँसता। हमारे पास न संगठन है न अनुभव और धन का तो हमसे पुश्तैनी बैर है। किसी ने हिन्दी पत्रकारों का परिहास करते हुए लिखा था—वह केवल एक कलम और एक रीम कागज लेकर समाचारपत्र निकाल बैठता है। यह व्यंग्य हमारे ऊपर अक्षरशः लागू है।"

इस लेख के साथ मुंशी प्रेमचन्द ने 'जागरण' आरंभ किया। लेकिन जिस प्रकार इस नए कार्य को प्रारंभ करने का वर्णन और उसके विषय में लिखा, वह उनकी उच्च कोटि की लेखनी का ही कमाल था कि इतने सुंदर ढंग से इस पत्र का परिचय लोगों से करवाया। उन्होंने सभी कुछ इस प्रकार वर्णित किया कि वह सीधा लोगों को प्रभावित करे।

साम्प्रदायिक मताधिकार

अगले अंक में उन्होंने लिखा—

"यदि हमने मताधिकारों के लिए आपस में लड़ाई ठान ली तो मानो हम प्रत्यक्ष रूप से सरकार की इस दलील का समर्थन करेंगे कि भारत में राष्ट्रीयता का भाव नहीं है। जब मुसलमानों को कुछ अधिकार मिल जाते हैं तो हमें तुरंत क्यों यह विचार होता है कि हमारे साथ अन्याय हुआ? जब कोई सांप्रदायिक दंगा हो जाता है तो हम तुरंत यह जानने के लिए उत्सुक हो जाते हैं कि उस दंगे में कितने हिन्दू हताहत हुए और कितने मुसलमान। उनका सांप्रदायिक आधार ही आपत्तिजनक है।"

उस समय हिंदू समाज में छूत-अछूत को लेकर भी हंगामा मचा हुआ था। निम्न जातियों को लोग मंदिरों में प्रवेश करने नहीं देते थे। ब्राह्मण अछूतों से सख्त खफा थे। वे मानते थे कि वे ईश्वर की उपासना के लायक नहीं हैं। इसे लेकर जुलूस आदि निकाले जा रहे थे। महात्मा गांधी इस बात से सख्त नाराज़ थे कि ब्राह्मण हरिजनों से खफा हैं। गांधी जी चाहते थे कि सभी को एक-सा हक मिले। इसके लिए उन्होंने आमरण अनशन भी किया। उनके अनशन से लोगों को थोड़ी राहत अवश्य मिली

लेकिन ज़माने से चली आ रही रूढ़ियाँ इतनी जल्दी समाप्त कैसे हो सकती थीं?

मुंशी जी ने भी इसके विरुद्ध मोर्चा सँभाला और कलम लेकर उतर गए मैदान में। उन्होंने समय-समय पर अपने लेखों में लिखा–

"भारत की तपोभूमि में इससे पहले भी बड़ी-बड़ी तपस्याएँ की गई हैं परंतु राष्ट्र के लिए प्राणों की आहुति देने का संकल्प महात्मा गांधी ही की कीर्ति है। उस महान आत्मा की तपस्या ने ब्रिटेन के महान राजनीतिज्ञों द्वारा तैयार की गई उस सुदृढ़ दीवार को, जो हिन्दू और अछूतों को अलग करने के लिए बड़े गहन कौटिल्य के सीमेंट से तैयार की गई थी, विध्वस्त कर दिया।

"पढ़े-लिखे समाज में चाहे धर्म केवल ढोंग रह गया हो और मंदिर प्रवेश को चाहे वे एक व्यर्थ-सी बात समझते हों लेकिन जनता अभी तक अपने कुछ देवताओं को प्राणों से चिपटाए हुए है। उत्तर भारत में तो कुछ देवता ऐसे भी हैं जिनके पुरोहित हमारे हरिजन भाई ही हैं। जिस भी गाँव में चले जाइए, चमारों, भरों के पुरवे में देवी के स्थान हैं। इन स्थानों के पुजारी चमार, पासी अथवा भर होते हैं।"

मुंशी प्रेमचन्द ने इस प्रकार के ज्वलंत लेख समय-समय पर प्रकाशित किए और समाज को सही स्थिति की जानकारी दी। एक अन्य लेख में उन्होंने लिखा–"क्या कोई वर्णाश्रम अपने हृदय पर हाथ रखकर कह सकता है कि वास्तव में यह छुआछूत उन्हें धर्म की दृष्टि से उचित प्रतीत होती है?"

ऐसा कोई नहीं कह सकता। सत्य है कह ही नहीं सकता कि अछूतों को पूजा करने का अधिकार नहीं। वह केवल स्वार्थ ही हो सकता है।

जब महात्मा गांधी ने अछूतों के विषय पर अनशन प्रारंभ किया तो मुंशी प्रेमचन्द ने अपने एक लेख में लिखा–"एक समय दधीचि ने राष्ट्र की रक्षा के लिए प्राणों का बलिदान किया था। हम अपनी अश्रद्धा के कारण उसे पौराणिक कथा समझे बैठे थे, पर आज आपने (गांधी जी ने) उस प्राचीन आदर्श को, उस प्राचीन आत्मोत्सर्ग को पुनर्जीवित कर दिया।"

प्रेमचन्द ने अपने एक विचारोत्तेजक लेख में लिखा–

"यूरोपियन संस्कृति की तारीफ़ें सुनते-सुनते हमारे कान पक गए।

हम एशिया वाले तो मूर्ख हैं, बर्बर हैं, असभ्य हैं, लेकिन जब हम उन सभ्य देशों की पशुता देखते हैं तो जी में आता है कि ये उपाधियाँ सूद के साथ क्यों न उन्हें लौटा दी जाएं। जर्मनी में नाज़ी दल ने आते ही यहूदियों पर धावा बोल दिया है। यहूदियों की दूकानें लूटी जा रही हैं, यहूदियों की जायदादें ज़ब्त की जा रही हैं, यहूदी विद्वानों और पदाधिकारियों का अपमान किया जा रहा है। मार-पीट, खून-खच्चर होना शुरू हो गया है, और यहूदियों को जर्मनी से भागने भी नहीं दिया जाता। चारों ओर नाकाबंदी हो गई है। वे अपने प्राणों की रक्षा नहीं कर सकते। यहूदियों ने वहाँ सकूनत अख्तियार कर ली है। कई पीढ़ियों से वहाँ रहते आए हैं। जर्मनी की जो कुछ उन्नति है उसमें उन्होंने कुछ कम भाग नहीं लिया है, लेकिन अब जर्मनी में उनके लिए स्थान नहीं है। प्रोफेसर आइंस्टाइन जैसे विद्वानों को केवल यहूदी होने के कारण देश से बहिष्कृत कर दिया गया और उनकी सम्पत्ति छीन ली गई।"

इस तरह विश्व एक नया मोड़ ले रहा था। अपने प्रभुत्व को स्थापित करने की होड़ प्रारंभ हो चुकी थी। हिटलर ने भी अपने मंसूबे स्पष्ट कर दिए थे। सभी को अपनी शक्ति प्रकट करने की पड़ी थी। ऐसे में इन सबके बीच राष्ट्र-संघ मात्र नाम का था। उसी समय जब जापान ने चीन पर हमला किया तो मुंशी जी ने लिखा-

"राष्ट्र-संघ चीं चीं करता ही रह गया और जापान ने चीन के उत्तरीय भाग पर अपना सिक्का बिठा दिया। उधर चीनी तुर्किस्तान में क्रांति हो गई है और ऐसा मालूम होता है कि वहाँ जनता ने सोवियत शासन स्थापित कर लिया। इंग्लैंड और अमेरिका आदि का इस अवसर पर चुप साध जाना एक रहस्य है। बात यह है कि चीन और रूस में बोलशेविज़्म का असर बढ़ता जाता था और संभव था कि दस-बीस साल में चीन और रूस दोनों ही एक संयुक्त सोवियत शासन स्थापित कर लेते। जापान ने चीन पर आक्रमण करके उस समस्या को कम-से-कम पचास साल के लिए पीछे धकेल दिया है। और यही कारण है कि यूरोप का कोई राष्ट्र चूँ नहीं कर रहा है। सब के सब दिल में जापान को दुआएँ दे रहे हैं कि उसने आगे आकर उन सबों की लाज रख ली। रहा रूस, उसका साम्राज्यवाद से तो कोई संबंध है नहीं, न वह चीन को

अपने राज्य में मिलाने ही का इच्छुक है। वह तो यही चाहता है कि चीन पर चीन की जनता का अधिकार हो। जापान के साम्राज्यवाद ने पूर्व से चीन पर धावा किया है तो पश्चिम से तुर्किस्तान की क्रांति ने हमला कर दिया है।"

इस प्रकार, मुंशी जी की नज़र से कोई भी नहीं बचा। उनकी नज़र चारों तरफ थी। अपनी कहानियों, उपन्यासों आदि के साथ-साथ अखबारों में वे सामाजिक मुद्दों, देश-विदेश की खबरों के साथ अपने लेख प्रस्तुत कर रहे थे। उनके सभी लेख त्वरित होते थे; जैसे इधर घटना घटी, देश-विदेश में कुछ हुआ और मुंशी जी ने उसे पकड़ा और अपने विचारों में ढालकर सबके समक्ष प्रस्तुत कर दिया।

परेशानियों ने मुंशी जी का साथ नहीं छोड़ा। वे उन्हें परेशान ही करती रहीं। उनकी पुत्री के कारण वे कुछ परेशानी में आए; ऐसा उनके इस पत्र से ज्ञात होता है जो उन्होंने 17 जुलाई, 1932 को जैनेन्द्र कुमार को लिखा था। उन्होंने उस पत्र में लिखा–

"बेटी के पुत्र हुआ और प्रसूत ज्वर ने पकड़ लिया। मरते-मरते बची। अभी तक अधमरी-सी है। बच्चा भी किसी तरह बच गया। आज बीस दिन हुए, यहाँ आ गई है। उसकी माँ भी दो महीने उसके साथ रही। मैं अकेला रह गया था। बीमार पड़ा। दाँतों ने कष्ट दिया, दस्त आए, बुढ़ापा स्वयं रोग है और अब मुझे उसने स्वीकार करा दिया कि अब मैं उसके पंजे में आ गया हूँ।"

उन्हें पत्रों के प्रकाशन की चिंता भी खा रही थी। 'हंस' और 'जागरण' दो-दो पत्रों को चलाने की परेशानी झेलनी पड़ रही थी। उसके प्रकाशन का खर्च भी उन्हें परेशानी में डाले हुआ था। लेकिन यह तो मुंशी जी की हिम्मत थी कि वे अपनी ज़बरदस्त लगन से उन्हें चलाए जा रहे थे।

प्रेमचन्द ने 18 अगस्त, 1933 को बनारसीदास जी को लिखा–
"हंस तो मुझे बहुत महँगा नहीं पड़ रहा है लेकिन 'जागरण' असह्य हो रहा है। हर महीने करीब 200/- का घाटा हो रहा है।"

इसी वर्ष अक्टूबर में उन्होंने 'ज़माना' के मुंशी दया नारायण जी को अपनी समस्याएँ बताईं–

"जो कुछ आमदनी होती है वह ऊपर-ऊपर उड़ जाती है। वेतन

तक को पूरी नहीं पड़ती। काग़ज के कई सौ रुपये बाकी पड़े हैं। मैं अपनी खामियों को समझ रहा हूँ, अपनी गलतियों को देख रहा हूँ। पर यह आशा है कि शायद कुछ हो जाए। हिम्मत बाँधे हुए हूँ। इधर एक महाशय फिर एक लिमिटेड प्रकाशक संघ खोलने का विचार कर रहे हैं। मैं भी शरीक हो गया। कुछ लोगों ने हिस्से लेने का वचन भी दिया। मगर वे ऐसे गायब हुए कि कुछ पता ही नहीं, कहाँ हैं। 'हंस' में दम नहीं है, पर फिर भी शहीदों में शामिल होना चाहता है। मैंने सोच लिया है, जनवरी तक और देखूँगा। अगर उस वक्त तक 'जागरण' कुछ ढंग पर न आया तो इसे बंद कर दूँगा। शायद मेरी कामनाएँ सब यों ही रह जाएँगी। मुश्किल तो यह है कि व्यवसाय में जितना मैं कच्चा हूँ, उतने ही तुम भी कच्चे हो। वर्ना क्या बात है कि ऋषभचरण तो सफल हों और हम लोग असफल रहें। उपन्यास लिखता था, वह भी बंद है लेकिन अब ज्यादा प्रतीक्षा न करूँगा। जनवरी तक और देखता हूँ। तुम्हारी सलाह न मानी, वर्ना इतना घाटा क्यों उठाता? लेकिन कोई काम बंद करते बदनामी होती है और वही लाज ढो रहा हूँ। मैं तुमसे सच कहता हूँ, प्रेस और पत्रों पर मैं मरा जा रहा हूँ। कुछ लेखों से, कुछ रायल्टियों से, कुछ उर्दू पुस्तकों से अपनी गुज़र कर रहा हूँ। लेकिन बहुत देख चुका, अब यह तमाम बंद कर दूँगा।"

इस तरह मुंशी जी को परेशानियों ने घेरना नहीं छोड़ा लेकिन वे उन्हें तोड़ न सकीं। उन्हीं दिनों प्रेमचन्द जी की एक कहानी 'सद्गति' प्रकाशित हुई। उस कहानी में उन्होंने समाज में व्याप्त छुआछूत, ऊँच-नीच की भावना को दर्शाया था।

घृणा के प्रचारक प्रेमचन्द

प्रेमचन्द की इस कहानी के विषय में आलोचक ठाकुर श्रीनाथ सिंह ने 'घृणा के प्रचारक प्रेमचन्द' नामक शीर्षक से आलोचनात्मक बाण छोड़ा। श्रीनाथ सिंह के अनुसार-

"ग्राम्य जीवन का कितना अस्वाभाविक चित्रण है! ग्राम्य पंडित चमारों से कितनी घृणा करते हैं और उनकी स्त्रियाँ कितनी पत्थरहृदय होती हैं, इसका कुछ ठिकाना नहीं है। इलाहाबाद ज़िले का गाँव-गाँव हमारा देखा

है। हमने देहात में एक भी पंडित ऐसा नहीं देखा जो चमारों से इतनी घृणा करता हो और एक भी पंडिताइन ऐसी नहीं देखी जो इस प्रकार पत्थरहृदय हो। खेद है, प्रेमचन्द जी जैसे आदर्शवादी और राष्ट्रीयता का दंभ करने वाले लेखक ने भारत के ग्राम्य जीवन का ऐसा भद्दा चित्र उपस्थित किया, जो किपलिंग के सिवा और किसी ने कभी नहीं किया।

"प्रेमचन्द जी इधर बहुत दिनों से शहरों में रह रहे हैं और उपन्यास और कहानियाँ लिखने के लिए विदेशी उपन्यासकारों की रचनाएँ बराबर पढ़ते रहते हैं। यही कारण है कि वे भारतीय संस्कृति से दिन पर दिन दूर होते जाते हैं।

"मिस मेयो की निंदा हम इसलिए करते हैं कि उसने अपनी 'मदर इंडिया' और बाद को 'देवताओं के गुलाम' नामक कहानी संग्रह में हिंदुओं का बड़ा ही गंदा चित्र अंकित किया है। वह एक विदेशी महिला है और उसका उद्देश्य राजनीतिक बताया जाता है। परंतु प्रेमचन्द जी तो भारतीय हैं और इस प्रकार के अन्यायपूर्ण चित्रण का इनका उद्देश्य क्या हो सकता है?

"प्रेमचन्द जी की रचनाओं से ऐसे सैकड़ों स्थल उद्धृत किए जा सकते हैं जहाँ उन्होंने हिन्दुओं को, खासकर पंडितों को, अत्यंत ही घृणित रूप में उपस्थित किया है। कहा जाता है कि लेखक अपने समय का प्रतिनिधि होता है। यदि प्रेमचन्द जी इस युग के प्रतिनिधि मान लिए जाएँ तो अब से पचास वर्ष बाद उनकी रचनाएँ जो पढ़ेंगे वे सन् 1932 के सामाजिक जीवन के बारे में क्या कहेंगे? यही न कि उस समय हिंदुओं का, खासकर ब्राह्मणों का जीवन, घृणा का जीवन था। वे निर्दयी थे, ज़ालिम थे, कट्टर थे, दयाहीन थे और पाखंडी थे। पर क्या यह सत्य है?"

श्रीनाथ सिंह ने मुंशी जी की इस कहानी में दोष निकाल दिए और कहा कि यह कहानी समाज में गलत आदर्श प्रस्तुत करेगी क्योंकि प्रेमचन्द ने इस कहानी में ब्राह्मणों की अलग छवि प्रस्तुत करके उन्हें अछूतों से नफरत करने वाला प्रस्तुत किया है। प्रेमचन्द की इस कहानी का पात्र दुक्खी–चमार जाति का है और वह अपनी पुत्री की सगाई के लिए शगुन आदि पर विचार करने के लिए गाँव के पंडित घासीराम को लेने जाता है। पंडित जी अपने काम में लगकर उसे अपने यहाँ लकड़ी

की एक मोटी गाँठ को फाड़ने के काम में लगा देते हैं। पर बड़ी मेहनत से भी वह गाँठ फड़ती नहीं है। वह थककर बेहाल हो जाता है। उसे न पानी मिलता है और न खाना। अंततः वहीं उसकी जीवन-लीला समाप्त हो जाती है। वह ब्राह्मणों का मोहल्ला है। कोई लाश उठाने वाला नहीं मिलता। लाश सड़ने लगती है तब पंडित घासीराम रस्सी से दुक्खी का पैर बाँध कर घसीटते हुए उसे गाँव के बाहर छोड़ आते हैं। कहानी का सार यही है।

इस पर श्रीनाथ जी ने आलोचना की। इस प्रकार की कहानी के पीछे क्या धारणा थी? क्या मुंशी प्रेमचन्द वास्तव में घृणा के प्रचारक थे? इन्हीं सब बातों पर प्रेमचन्द ने भी विचार किया और 'हंस' पत्र में इसका उचित प्रत्युत्तरात्मक लेख लिखा–

"निंदा, क्रोध और घृणा ये सभी दुर्गुण हैं। लेकिन मानव जीवन में से अगर इन दुर्गुणों को निकाल दीजिए तो संसार नरक हो जाएगा। यह निंदा ही का भय है जो दुराचारियों पर अंकुश का काम करता है, यह क्रोध ही है जो न्याय और सत्य की रक्षा करता है और यह घृणा ही है जो पाखंड और धूर्तता का दमन करती है। इनका जब हम दुरुपयोग करते हैं तभी ये दुर्गुण हो जाते हैं। लेकिन दुरुपयोग तो अगर दया, करुणा, प्रशंसा और भक्ति का भी किया जाए तो वह दुर्गुण हो जाएँगे। अंधी दया अपने पात्र को पुरुषार्थहीन बना देती है, अंधी करुणा कायर, अंधी प्रशंसा घमंडी और अंधी भक्ति धूर्त। प्रकृति जो कुछ करती है, जीवन की रक्षा ही के लिए करती है।

तो घृणा स्वाभाविक मनोवृत्ति है और प्रकृति द्वारा आत्मरक्षा के लिए सिरजी गई है। जिस वस्तु का जीवन में इतना मूल्य है उसे शिथिल होने देना अपने पाँव में कुल्हाड़ी मारना है। जरूरत केवल इस बात की है कि हम घृणा का परित्याग करके उसे विवेक बना दें। इसका अर्थ यही है कि हम व्यक्तियों से घृणा न करके उनके बुरे आचरण से घृणा करें।

जीवन में जब घृणा का इतना महत्त्व है तो साहित्य कैसे उसकी उपेक्षा कर सकता है। प्राचीन साहित्य–धर्म और ईश्वर-द्रोहियों के प्रति घृणा और उनके अनुयायियों के प्रति श्रद्धा और भक्ति के भावों की सृष्टि करता रहा। नवीन साहित्य–समाज का खून चूसने वालों के विरुद्ध

उतने ही ज़ोर से आवाज उठा रहा है। वे व्यक्तियों के शत्रु नहीं हैं, न वे द्वेष या ईर्ष्या के कारण साहित्य की रचना करते हैं। वे उन परिस्थितियों और प्रवृत्तियों के शत्रु हैं जिनके हाथों ऐसे व्यक्ति उत्पन्न होते हैं। इन पंक्तियों के लेखक ही के विषय में एक कृपालु आलोचक ने यह आक्षेप किया है कि उसने अपनी रचनाओं में ब्राह्मणों के प्रति घृणा का प्रचार किया है। अव्वल तो उसे किसी ब्राह्मण के हाथों कोई कष्ट नहीं पहुँचा और मान लो किसी ब्राह्मण ने उसका घर नीलाम करा लिया हो, या उसे सरे बाज़ार गाली दे दी हो, तो इसलिए वह समस्त ब्राह्मण समुदाय का दुश्मन क्यों हो जाएगा? चोरी, बदमाशी, रिश्वत, दग़ा, झूठ—इन सब दुर्गुणों का किसी समुदाय विशेष से संबंध नहीं। एक ज़माना था जब अधिकतर कायस्थ पटवारी और कानूनगो होते थे। लेकिन अब वह बात नहीं रही। इसलिए केवल कानूनगो और पटवारी कह देने से कायस्थ का बोध नहीं होता, न बनिया कह देने से किसी विशेष समुदाय का बोध होता है। केवल पंडित या पुजारी ही ऐसा शब्द है, जिससे दुर्भाग्यवश ब्राह्मण का बोध हो जाता है और यह कहना बड़ी दूर की कौड़ी लाना है कि जो इस पाखंडाचार के खिलाफ घृणा फैलाता है वह ब्राह्मण जाति का द्रोही है। लेखक की दृष्टि में ब्राह्मण कोई समुदाय नहीं, एक महान पद है जिस पर आदमी बहुत त्याग, सेवा और सदाचरण से पहुँचता है। हरेक टकेपंथी पुजारी को ब्राह्मण कहकर मैं इस पद का अपमान नहीं कर सकता।"

मुंशी प्रेमचन्द ने अपना पक्ष रखकर श्रीनाथ सिंह को प्रत्युत्तर देते हुए बिल्कुल सटीक समाधान किया और बहुत अच्छी बात लिखी कि पाखंड, धूर्तता, अन्याय और ऐसी अन्य दुष्प्रवृत्तियों के प्रति हमारे अंदर जितनी ही प्रचंड घृणा हो उतनी ही कल्याणकारी होगी। वास्तव में ऐसी दुष्प्रवृत्तियों से बचने का यह सटीक समाधान है। जितनी गहराई से हम इनसे घृणा करेंगे, उतनी ही जल्दी ये बुराइयाँ हमसे दूर होंगी।

कुछ समय पश्चात् 'भारत' पत्र में पंडित ज्योतिप्रसाद मिश्र 'निर्मल' ने ऐसी बातों पर पुनः मुंशी जी के विरुद्ध अपना शब्द-बाण छोड़ा। प्रेमचन्द जब श्रीनाथ ठाकुर को उनके लिखने पर उन्हें उनकी शंका का समाधान करके सही स्थिति बता सकते थे तो ज्योति प्रसाद

मिश्र को भी जवाब दे सकते थे। उन्होंने अपने एक लेख से उन्हें भी सटीक उत्तर दिया। वह लेख 'जागरण' में प्रकाशित हुआ–

"हमारे दिलों में अभी वही जातिभेद का अंधकार छाया हुआ है। हमें ज्ञात हुआ है कि वे अब भी उन पुजारियों का, पुरोहितों का और जनेऊधारी लुटेरों का हिन्दू समाज पर प्रभुत्व बनाए रखना चाहते हैं जिन्हें वे ब्राह्मण कहते हैं, पर हम उन्हें ब्राह्मण क्या, ब्राह्मण के पाँव की धूल भी नहीं समझते। ज्योतिप्रसाद निर्मल की शिकायत है कि हमने अपनी तीन चौथाई कहानियों में ब्राह्मणों को काले रंग में चित्रित करके अपनी संकीर्णता का परिचय दिया है। हम कहते हैं कि हममें इतनी शक्ति होती तो हम अपना सारा जीवन हिंदू जाति को पुराहितों, पुजारियों, पंडों और धर्मोपजीवी कीटाणुओं से मुक्त कराने में अर्पण कर देते। हिन्दू जाति का सबसे घृणित कोढ़, सबसे लज्जाजनक कलंक यही टकेपंथी दल है। जब तक यहाँ एक दल समाज की भक्ति, श्रद्धा, अज्ञान और अंधविश्वास से अपना उल्लू सीधा करने के लिए बना रहेगा, तब तक हिन्दू समाज सचेत न होगा। अगर हिन्दू समाज को पृथ्वी से मिट नहीं जाना है तो उसे इस अंधकार शासन को मिटाना होगा। मुंशी जी की लड़ाई उनके इसी धर्म-उपजीवी धर्म व्यवसायी रूप से है। हमारी कहानियों में आपको पदाधिकारी, महाजन, वकील और पुजारी गरीबों का रक्त चूसते हुए मिलेंगे और गरीब किसान, मज़दूर, अछूत और दरिद्र उनके आघात सहकर भी अपने धर्म और मनुष्यता को हाथ से न जाने देंगे क्योंकि हमने उन्हीं में सबसे अधिक सच्चाई और सेवाभाव पाया है।"

मुंशी जी ने निर्मल जी को भी अपनी लेखनी से करारा जवाब दिया। उन्होंने जो भी लिखा, अपनी मर्जी से लिखा, लेकिन सत्य लिखा। ऐसा ही एक लेख उन्होंने धार्मिक कार्यों के संबंध में लिखा; जिसका शीर्षक था–'राहु के शिकार'–"ग्रहण स्नान, सोमवती स्नान और लाखों तरह के स्नानों की बला हिन्दुस्तान के सर से कभी टलेगी भी अथवा नहीं। लोग पशुओं की भाँति रेल में लादे जाकर, रेले में जान गँवाकर, नदी में डूबकर स्नान करते हैं, केवल अंधविश्वास में पड़कर।"

•••

अध्याय 11

मुम्बई में फिल्मी सफर

मुंशी जी जी-तोड़ प्रयास कर अपने पत्रों को चला रहे थे लेकिन उन्हें घाटा परेशान कर रहा था। जिस कारण रह-रह कर पत्रों को बंद करने की स्थिति उत्पन्न हो रही थी। 14 फरवरी, 1934 को मुंशी जी द्वारा जैनेंद्र कुमार को लिखा पत्र कुछ ऐसी ही दास्तान प्रस्तुत करता है-

"काशी अंक निकला। चार सौ वी॰पी॰ गए, 175 वसूल हुए, 225 वापस आए। बस, बधिया बैठ गई। इस वापसी का नतीजा यह कि काग़ज वाले को 1300/- में कुल 300/- दे सका। एक हज़ार पूरे उसके सर पर सवार हैं। 'जागरण' के काग़जवाले का भी 1000/- से कुछ ऊपर ही चढ़ा हुआ है। जो-जो बातें सोची थीं, सब ग़ायब हो गईं। ऐसी माली हालत में क्या कोई प्रोग्राम बाँधूँ, क्या करूँ। तुम्हें मालूम होगा, कुछ दिनों से 'लीडर' प्रेस वालों से इस सारे संकट को मिटा देने का प्रस्ताव था। बीच में वह प्रस्ताव स्थगित कर दिया। पर जब ऐसी परिस्थिति आ पड़ी है तो अब इसके सिवा कोई राह नहीं है कि किसी तरह इस झगड़े से गला छुड़ाकर भाग निकलूँ। 'लीडर' को एक प्रस्ताव लिख भेजा है। वे यहाँ 18 को आने वाले हैं। आशा करता हूँ कि उस दिन यह मामला तय हो जाएगा। पहले इरादा था कि 'हंस' उन्हें दे दूँगा और प्रेस चलाता रहूँ लेकिन सारी विपत्ति की जड़ तो यह प्रेस है। न जाने किस बुरी साइत में उसकी बुनियाद पड़ी थी। दस हज़ार रुपये, ग्यारह साल की मेहनत और परेशानियाँ अकारथ हो गईं।

कितना बहुमूल्य समय जो लिखने-पढ़ने में कटता, बेकार प्रूफ

देखने में कटा। मेरी ज़िंदगी की यह सबसे बड़ी गलती है। ग़म की इस तमाम दास्तान में एक खुशखबरी यही है कि 'सेवासदन' का फिल्म हो रहा है। उस पर मुझे साढ़े सात सौ मिले।"

फिल्म उद्योग में प्रवेश

मुंशी प्रेमचन्द के उपन्यास 'सेवासदन' पर महालक्ष्मी सिनेटोन कम्पनी, मुम्बई ने 'बाज़ारे हुस्न' नाम से फिल्म बनाई। इसके माध्यम से प्रेमचन्द की लेखनी ने फिल्म उद्योग में प्रवेश किया। परंतु 'बाज़ारे हुस्न' उनकी आशाओं पर खरी नहीं उतर पाई। लेकिन वही 'सेवासदन' तमिल भाषा में दक्षिण के सुब्रमण्यम ने बहुत ख़ूबसूरती से बनाई।

जब तक 'हंस' और 'जागरण' घसीटे जा रहे थे तब तक तो प्रेमचन्द को उन्हें चलाना ही था। अत: वे अपनी लेखनी से शब्दों को गढ़ते रहे। उन्हीं दिनों मुंशी जी के परम मित्रों में से एक पंडित बदरीनाथ भट्ट का स्वर्गवास हो गया। मुंशी जी की उनसे अच्छी पटती थी। मित्र को श्रद्धांजलि देते हुए उन्होंने लिखा–

"पंडित बदरीनाथ भट्ट आज इस संसार में नहीं हैं। बीमार तो वे दो–ढाई साल से थे लेकिन जिस आदमी के पोर–पोर में जानदारी भरी हुई थी, जो रोग–शैया पर पड़ा हुआ भी हँसता और हँसाता रहा हो, जिसके समीप जाते ही मुरझाया हुआ मन लहलहा उठता हो, जो मानो अपनी वाणी और स्नेह से जीवन बिखेरता रहा हो, वह मौत के इतने समीप है, यह हम न समझते थे। साल भर से अधिक हुआ, हमने लखनऊ में उनके दर्शन किए थे। आरामकुर्सी पर लेटे हुए थे। देह क्षीण हो गई थी, चेहरे पर जर्दी छाई हुई, आँखों के नीचे गड्ढे पड़े हुए, ओंठ सूखे हुए, लेकिन बीमारी आत्मा तक न पहुँच सकी थी। बातों में तब भी वही शोखी, वही ज़िंदादिली थी। अपनी बीमारी का जिक्र करते रहे, मगर उसमें असाध्य रोगी की निराशा या करुणा न थी, न वह मोह न वह हसरत, बल्कि एक जीवन से भरे हुए हृदय का चुहल और विनोद था, जो मानो मृत्यु को सामने खड़ी देखकर भी नि:शंक भाव से कह रहा था–'जब मरूँगा तब मर जाऊँगा। मरने के पहले नहीं मर सकता।'

भट्टजी मिताहारी थे, मितव्ययी थे, संयमी थे, स्पष्टवादी थे,

व्यवहार में खरे थे। उनमें कहीं भी वह नफ़ासत और नज़ाकत न थी जो हम उदीयमान कवियों में देखते हैं, वह सैलानीपन न था जो साहित्यिकों की विशेषता समझी जाती है। उन्होंने दुनिया देखी थी, दुनिया की कठिनाइयों का सामना किया था और उन पर विजय पाई थी। उन फूलों में न थे जो हवा के एक झोंके से मुरझा जाते हैं। वे मनुष्य पहले थे, कवि, ड्रामेटिस्ट और हास्यकार पीछे। उनकी भावुकता कभी संयम से बाहर न जाती थी। वे उन लोगों में न थे जो इस बात पर गर्व करते हैं कि उनके पास कौड़ी कफ़न को नहीं है, जो मित्रों की मेहमानी पर जीवन बिताकर बेफिक्री का दम भरते हैं। वे स्वयं अपना भोजन पकाते थे। पैसे की जगह धेला खर्च करते थे, और हिसाब साफ रखते थे। बड़ी-बड़ी कठिनाइयाँ झेलीं, पर किसी का एहसान नहीं लिया। उन्हें कोई व्यसन न था। (साहित्यिक व्यक्तियों के लिए कोई-न-कोई व्यसन पाल लेना आजकल आईन में दाखिल है) उनकी कल्पना लकड़ी टेकती हुई न चलती थी, उनमें जो ओज था और संयम था, उसी से रचना-शक्ति उत्पन्न होती थी।"

'बाज़ारे हुस्न' पर फिल्म बनने के बाद मुंशी जी को बम्बई बुलवाया गया। उन्होंने जैनेन्द्रकुमार को पत्र से इसकी जानकारी दी—

"बम्बई की एक फिल्म कम्पनी मुझे बुला रही है। आठ हज़ार रुपए साल। मैं उस अवस्था में पहुँच गया हूँ जब मेरे लिए हाँ के सिवाय और कोई उपाय नहीं, मैं चला जाऊँ या अपने उपन्यास बाज़ार में बेचूँ? कम्पनी वाले हाजिरी की कोई कैद नहीं रखते। मैं जो चाहे लिखूँ, जहाँ चाहे लिखूँ। सोचता हूँ, क्यों न एक साल के लिए चला जाऊँ। वहाँ साल भर रहने के बाद कुछ ऐसा कांट्रेक्ट कर लूँगा कि यहीं बैठे-बैठे तीन-चार कहानियाँ लिख दिया करूँ और चार-पाँच हज़ार रुपये मिल जाया करें। उससे 'जागरण' व 'हंस' अच्छे चल सकेंगे।"

इस तरह, मुंशी जी ऐसी तंगहाली से परेशान हो गए थे। बम्बई में उन्हें कुछ आशा दिखाई पड़ रही थी कि वहाँ से कुछ कमाकर लाया जा सकता है जिससे पुश्तैनी दरिद्रता से निजात मिल सके।

बम्बई से फिल्म कम्पनी के मोहन भवनानी तार व पत्रों द्वारा मुंशी जी को बुलाए जा रहे थे। भवनानी ने 23 मई, 1934 को मुंशी जी को

पुनः पत्र लिखा—"बहरकैफ मेरी बहुत ख्वाहिश है कि आप हमारे यहाँ आएँ। मैं आपसे उतनी ही कहानियाँ और डायलॉग लूँगा जितने की मुझे अपने प्रोडक्शन के लिए वाकई जरूरत होगी। फौरन जवाब देने की कृपा करें।"

बम्बई पदार्पण

यह पत्र भवनानी का अंतिम बुलावा साबित हुआ क्योंकि मुंशी जी अब जाने का दृढ़ निश्चय कर चुके थे। नई जगह, नए लोग, नई शुरुआत, नया उत्साह–ये सभी बातें मुंशी जी की इच्छा को प्रबल करती हुई उन्हें बम्बई ले गईं। अंततः 31 मई, 1934 को मुंशी जी बम्बई पहुँच गए और किराये पर मकान लेकर रहने लगे। लेकिन वहाँ उन्हें अकेलापन खलने लगा। कहाँ पूरे परिवार के साथ रहना और कहाँ अपने कमरे में अकेले रहना अथवा स्टूडियो में काम करते रहना–पारिवारिक मनोरंजन कहाँ। उन्होंने जून माह में पत्नी शिवरानी देवी को पत्र में यही बातें स्पष्ट कीं–

"...इधर मैं सोचता हूँ कि एक-डेढ़ महीने कैसे बीतेंगे। मेरा मनोरंजन तो सबसे अधिक घर पर बाल-बच्चों से ही हो सकता है। मेरे लिए दूसरा मनोरंजन ही नहीं है। खाने बैठता हूँ तो अच्छा नहीं लगता। मेरी तो यह समझ में नहीं आता कि लोग घर-बार से अलग कैसे रहते होंगे?"

अंततोगत्वा शिवरानी देवी भी अपनी पुत्री के साथ बम्बई पहुँच गईं।

अब शुरू होता है फिल्मी सफर। मुंशी जी स्टूडियो जाते, काम करते, जो लिखवाया जाता, लिखते और शाम को घर वापस। लेकिन उन्हें इस बात का रंज था कि साहित्य-लेखन और फिल्म-लेखन में ज़मीन-आसमान का फर्क है क्योंकि साहित्य में मुंशी जी स्वतंत्र रूप से कुछ भी लिख सकते थे लेकिन फिल्म की कहानी के लिए दृश्यादि वही लिखने होते हैं जोकि निर्देशक की माँग हो अथवा कहानी, दृश्य की माँग हो।

शिवरानी देवी के मुम्बई पहुँचने से पहले मुंशी जी ने उन्हें लिखे एक पत्र में यही दर्शाया है–"साहित्य से इनको बहुत कम सरोकार है। इन्हें तो रोमांचकारी, सनसनीखेज तस्वीरें चाहिए। अपनी ख्याति को खतरे में

डाले बगैर मैं जितनी दूर तक निर्देशकों की इच्छा पूरी कर सकूँगा, उतनी दूर तक करूँगा। मुझे करना पड़ेगा।"

'मज़दूर' फिल्म का प्रदर्शन

मुंशी जी के संवादों से सजी, मोहन भवनानी द्वारा निर्देशित पहली फिल्म 'मज़दूर' तैयार हुई जिसमें मज़दूरों की वास्तविक स्थिति प्रकट की गई थी, साथ ही यह भी दर्शाया गया था कि ये बड़ी-बड़ी मिलों के मालिक लोगों को किस प्रकार से लाभ दे सकते हैं। फिल्म जब प्रदर्शित होने को तैयार हुई तो कुछ प्रभावशाली लोगों के कारण बम्बई में सेंसर बोर्ड द्वारा प्रदर्शन की अनुमति नहीं दी गई। कई दृश्यों की छँटनी करने पर भी फिल्म को बम्बई में प्रदर्शन की अनुमति नहीं मिली। तत्पश्चात् पंजाब, लाहौर और दिल्ली में अनुमति मिलने पर इसे प्रदर्शित किया गया। फिल्म प्रदर्शन के बाद इन सभी जगहों पर ज़बरदस्त धूम मच गई। मज़दूर–मिल–मालिकों आदि के विरोध में खड़े हो गए जिसके कारण फिल्म का प्रदर्शन रोक दिया गया। इस फिल्म में मुंशी प्रेमचन्द भी मज़दूरों के मुखिया के रूप में फिल्मी पर्दे पर नज़र आए। लेकिन थोड़ी देर के लिए। इस फिल्म को देखने के लिए मज़दूर वर्ग में ज़बरदस्त उत्साह था। क्योंकि जाहिर-सी बात है, जब उनके भले कि बात थी तो वे उसे कैसे न देखते। लेकिन इससे मिल-मालिकों आदि की रातों की नींद अवश्य हराम हुई, यह निश्चित है।

वैसे इस कहानी को मुंशी प्रेमचन्द ने केवल संवादों से ही सजाया था। बाकी कहानी तो फिल्म कम्पनी ने पहले ही तैयार कर ली थी। मुंशी जी के संवादों ने इस फिल्म में जान फूँक दी थी। तभी यह फिल्म मज़दूर वर्ग के दिल में उतर सकी। फिल्म से प्रभावित होकर उनकी प्रेस के कर्मचारियों ने भी उनके विरुद्ध खड़े होकर हड़ताल प्रारंभ कर दी। लेकिन मुंशी जी ने कभी किसी का हक नहीं मारा था। हाँ, बस तंगहाली थी तो वे किसी को अधिक कैसे दे सकते थे। मुंशी जी स्वयं को मज़दूरों का साथी समझकर काम करते थे न कि मालिक की भाँति। प्रेस में हड़ताल से उनको बड़ा आघात लगा, जिसका स्पष्टीकरण उन्होंने 25 सितम्बर, 1934 को 'भारत' में किया–

"सरस्वती प्रेस लगातार कई साल से घाटे में चल रहा है। पहले 'हंस' निकला और उससे तीन साल तक बराबर घाटा होता रहा। इसके बाद प्रेस में काम की कमी को पूरा करने और जाति की कुछ सेवा करने के लिए मैंने 'जागरण' निकालने का भार भी ले लिया और दो साल अपने समय का बहुत बड़ा भाग खर्च करके उसे चलाता रहा लेकिन उसमें भी बराबर घाटा ही रहा। यहाँ तक कि प्रेस पर कोई चार हज़ार का ऋण हो गया जिसमें कर्मचारियों का देना और काग़जवालों का बकाया दोनों शामिल हैं। फिर भी मैंने हिम्मत नहीं हारी और जब अपनी बिगड़ी आर्थिक दशा से तंग आकर मैं काशी से चलने लगा तो मैंने 'जागरण' का संपादन भार बाबू संपूर्णानंद को सौंपा। मगर घाटा बराबर होता रहा। मेरी पुस्तकों की बिक्री के रुपये भी प्रेस के खर्च में जाते रहे। फिर भी खर्च पूरा न पड़ता था क्योंकि इधर पुस्तकों की बिक्री भी घट गई है। जब प्रेस की आमदनी का यह हाल था तो कर्मचारियों का वेतन कहाँ से पाबंदी के साथ दिया जा सकता था? मेरी किताबों से जो कुछ आमदनी होती है, वह इतनी भी नहीं है कि उससे मेरा निबाह हो सकता।

मुझे ऐसी दशा में 'जागरण' को अवश्य बंद कर देना चाहिए था, जैसा मेरे अनेक मित्रों ने कहा, लेकिन दुनिया उम्मीद पर कायम है और मैं बराबर यही सोचता रहा कि शायद अब पत्र का प्रचार बढ़े। मेरे कई मित्रों ने प्रेस को ही बंद करने की सलाह दी क्योंकि प्रेस के बंधन से मुक्त होकर मैं अपनी पुस्तकों और लेखों से लस्टम-पस्टम अपना निर्बाह कर सकता हूँ। कम से कम उस दशा में मुझ पर किसी का कर्ज़ तो न रहता लेकिन मुझे यही संकोच होता था कि ये पचीस-तीस आदमी बेकार होकर कहाँ जाएँगे। मगर इतने आदमियों की रोज़ी तो लगी हुई है। इस ख्याल से मैं हर तरह की ज़ेरबारी उठाकर प्रेस और पत्र चलाता रहा। जब उन्हें मालूम है कि मैंने आज तक प्रेस से एक पैसे का लाभ नहीं उठाया और अपनी जायज़ कमाई से कम से कम दस हज़ार रुपये प्रेस और पत्रों के पीछे फूँक दिए तो उनको मेरे नादिहन्द होने की कोई शिकायत नहीं होनी चाहिए। मैं तो उल्टे अपने को उनकी हमदर्दी का पात्र समझता था। मैं मानता हूँ, गरीबों को समय पर वेतन न मिलने से

बड़ा कष्ट होता है, लेकिन क्या वे खुद ही इस प्रेस के मालिक होते तो वे भी मेरी ही तरह सिर पीटकर न रह जाते? कर्मचारी को मालिक से असंतोष तब होता है जब मालिक खुद तो आमदनी हज़म कर जाता है और उन्हें भूखा रखता है। जब उन्हें मालूम है कि मालिक खुद बेगार में रात-दिन पिस रहा है, उसकी जेब में एक पाई भी नहीं जाती, तो उनको मालिक से शिकायत करने का कोई जायज़ मौका नहीं है। फिर भी, इन परिस्थितियों पर ज़रा भी विचार न करके प्रेस संघ ने प्रेस में हड़ताल करवा दी। मैंने खबर पाते ही संघ के सभापति महोदय को सारा हाल समझा दिया। उन्हें यहाँ तक विचार न हुआ कि इस प्रेस को साहित्य या समाज की सेवा के कारण घाटा हो रहा है। और यही प्रेस है जो मज़दूरों की वकालत कर रहा है और इस लिहाज से मज़दूरों की हमदर्दी का हकदार है।"

इस प्रकार कुछ दिनों बाद मुंशी जी ने 'जागरण' का प्रकाशन बंद कर दिया।

बम्बई से दिल भर गया

मुंशी जी का जी अब बम्बई से उकता गया था। वे चाहते थे कि पुनः अपने बनारस चले जाएँ। लेकिन वे फिल्म कम्पनी से किए अनुबंध से बंधे हुए थे। अतः उन्हें एक वर्ष तो पूरा करना ही था। इसी ऊहापोह की स्थिति को उन्होंने जैनेन्द्र कुमार को लिखे पत्र में प्रकट किया–

"मैं जिन इरादों से आया था उनमें एक भी पूरा होता नज़र नहीं आता। ये प्रोड्यूसर जिस ढंग की कहानियाँ बनाते आए हैं, वल्गैरिटी को ये लोग एंटरटेनमेंट वैल्यू कहते हैं। अद्भुत में ही इनका विश्वास है। मैंने सामाजिक कहानियाँ लिखी हैं। लेकिन उनको फिल्म करते इन लोगों को संदेह होता है कि चले न चले। यह साल तो पूरा करना ही है। यहाँ से छुट्टी पाकर अपने पुराने अड्डे पर जा बैठूँगा। वहाँ धन नहीं है मगर संतोष अवश्य है। यहाँ तो जान पड़ता है कि जीवन नष्ट कर रहा हूँ।"

इस पत्र से यह स्पष्ट है कि मुंशी जी जैसे-तैसे अनुबंध का एक वर्ष पूरा करना चाहते थे। इधर कुछ अन्य फिल्म कम्पनियाँ भी उन्हें अपने साथ जोड़ने के प्रयास में थीं लेकिन मुंशी जी का मन उचाट हो चुका था। वे मन को मारकर फिल्मी कहानियाँ नहीं लिखना चाहते थे।

अपने करुण आंतरिक उद्गार उन्होंने जैनेन्द्र कुमार को लिखे पत्र में इस प्रकार प्रकट किए–

"लेखक कलम का बादशाह क्यों न हो, यहाँ डॉयरेक्टर की आलमदारी है और उसके राज्य में उनकी हुकूमत नहीं चलती। डॉयरेक्टर कहता है, 'मैं जानता हूँ, जनता क्या चाहती है। हमने व्यवसाय खोला है। जो चीज जनता माँगेगी, वह हम देंगे।' इसका जवाब यही है, अच्छा साहब, हमारा सलाम लीजिए। हम घर जाते हैं; वहीं मैं कर रहा हूँ। मई के अंत में बंदा काशी में उपन्यास लिख रहा होगा। मैं और कुछ कर सकता हूँ चाहे वह बेगार ही क्यों न हो इसलिए चला जा रहा हूँ। मेरे लिए अपनी वही पुरानी लाइन मज़े की है।"

बम्बई से वापसी

अंतत: मुंशी प्रेमचन्द ने एक वर्ष पूर्ण होने से पूर्व ही 4 अप्रैल, 1935 को बम्बई को अलविदा कह दिया।

मुंशी प्रेमचन्द अपने नए उपन्यास 'गोदान' पर कार्य कर रहे थे जोकि बम्बई में हो नहीं पा रहा था।

मुंशी जी प्रयाग में बसने की योजना बना रहे थे और साथ ही अपने पत्र 'हंस' को भी वहीं ले जाकर चलाने की योजना थी जैसा कि उनके इस पत्र से स्पष्ट होता है जो उन्होंने जैनेन्द्र कुमार को 4 मई, 1935 को लिखा था–

"जून से 'हंस' को प्रयाग लाऊँ और खुद भी वहीं रहूँ। काशी में न तो काम है और न साहित्यकारों का सहयोग। वहाँ जितने भी हैं, वे सभी सम्राट हैं। कोई कवि सम्राट, कोई आलोचना सम्राट, कोई प्रहसन सम्राट। यह गौरव काशी ही का है कि वहाँ सभी सम्राट हैं। मगर सम्राटों की सम्राटों से पटेगी? मुझे डर लगने लगा है कि कहीं तुम भी साल छ: महीने में सम्राट हो जाओ तो मेरा काम ही तमाम हो जाए। फिर तुमसे कोई लेख माँगने का साहस भी न कर सकूँ। इसलिए प्रयाग आ रहा हूँ जहाँ सम्राट कम हैं।"

उस समय प्रेमचन्द के दोनों पुत्र श्रीपत राय एवं अमृत राय इलाहाबाद में ही शिक्षा ग्रहण कर रहे थे। इसलिए सभी साथ रहना चाहते

थे। लेकिन मुंशी जी को परिस्थितिवश बनारस में ही रहना पड़ा। अगले कुछ माह बाद अर्थात् जुलाई में एक प्रस्ताव के चलते उन्होंने 'हंस' पत्र भारतीय साहित्य परिषद् को दे दिया।

कहानी चोरी का दोषारोपण

मुंशी प्रेमचन्द के एक पुराने आलोचक सरस्वती प्रेस के श्रीनाथ सिंह ने अगस्त माह के अंक में 'सरस्वती' पत्र में मुंशी जी पर पुनः शब्द-बाण छोड़ते हुए कहानी के चोरी करने का दोषारोपण किया। उनका कहना था कि मुंशी जी ने 'जीवन का शाप' नामक कहानी उनके द्वारा रचित उपन्यास 'उलझन' से ली है। अब इतनी बड़ी बात और मुंशी प्रेमचन्द इसे सहन कर लेते? प्रेमचन्द ने इस दोषारोपण को खारिज करते हुए 'हल्दी की गाँठ वाला पंसारी' नामक शीर्षक से उसका जवाब दिया–

"एक आदमी को हल्दी की कहीं एक गाँठ मिल गई तो उसने समझा, अब मैं पंसारी हो गया। आपने ज़िंदगी में ले-देकर एक उपन्यास लिखा 'उलझन' और अब उन्हें यह वहम हो गया कि लोग उनके इस उपन्यास के आधार पर कहानियाँ, नाटक, ड्रामे लिखने लगे हैं। मुझे कुछ दिनों से श्रीनाथ सिंह की ऊल-जलूल बातें सुन-सुनकर यह भय होने लगा है कि उन्हें 'खफकान' या 'मालीखुलिया' हो गया है। मैं उनसे नम्रता से अर्ज करूँगा कि वे जल्दी किसी होशियार चिकित्सक से परामर्श करें वर्ना शायद रोग और भी भयंकर रूप धारण कर ले। मालीखुलिया के लक्षण यही हैं कि उसका रोगी समझता है, लोग उसका माल-असबाब ढोये लिए जाते हैं और वह अंधे कुत्ते की भाँति बतासे भूँकने लगता है।

'सरस्वती' में यह लेख लिखने की मंशा से यह मालूम होता है कि 'सरस्वती' के भोले-भाले पाठकों के सामने 'उलझन' की भरपेट प्रशंसा की जाए और यह दिखाया जाए कि यह रचना इतने ऊँचे दर्जे की है कि प्रेमचन्द जी ने भी इसे पढ़ा और पढ़ा ही नहीं, इससे इतना प्रभावित हुए कि उसके आधार पर कहानी लिख डाली। मैं उन्हीं लेखकों की रचनाएँ पढ़ता हूँ जिनकी प्रतिभा का मैं कायल हूँ या जो

अपनी रचनाएँ मुझे भेंट करते हैं और उन पर मेरी सम्मति माँगते हैं। ठाकुर साहब ने अपनी रचनाएँ मुझे भेंट नहीं कीं और उनकी प्रतिभा का मैं कभी कायल नहीं रहा। मैं उन्हें कलाकर समझता ही नहीं। हरेक ऐरे-गैरे नत्थू खैरे की रचना पढ़ने के लिए मेरे पास समय नहीं है।

'जीवन का शाप' और 'उलझन' में आपने जो सादृश्य दिखाया है, उसे पढ़कर हँसी आती है। अगर दोनों में यही बात है कि दोनों के हीरो गरीब, विद्वान, मेहनती और संतोषी हैं, और उनकी पत्नियाँ कटुभाषिणी हैं, और दोनों के उपनायक धनी व्यापारी हैं और उनकी महिलाएँ पति से असंतुष्ट हैं, तो मैं कहूँगा कि ठाकुर साहब ने मेरे 'सेवासदन' से प्लाट भी उड़ाया है, चरित्र भी और समस्या भी।

लेकिन मैंने 'उलझन' पढ़ा होता तब भी यह आक्षेप न कर सकता क्योंकि ऐसे प्रसंग आए दिन के जीवन की बातें हैं, रोज देखने में आती हैं, और उन पर किसी लेखक की मुहर नहीं है। मगर हमारे ठाकुर साहब बेचारे इस मालीखुलिया से मज़बूर हैं, क्या करें। पार्क का दृश्य 'सेवासदन' में भी है, 'उलझन' में भी, नायिका को 'सेवासदन' में भी बेंच पर बैठाया गया है, 'उलझन' में भी।"

•••

अध्याय 12

सम्मेलनों में भागीदारी

मुंशी जी को इन दिनों जगह-जगह से सम्मेलनों आदि में भागीदारी के लिए बुलावे आ रहे थे। वैसे तो मुंशी जी बहुत कम आते-जाते थे, लेकिन कई जगह वे गए भी। इलाहाबाद, बनारस, दिल्ली, आगरा, पूर्णिया। दिल्ली वे हिंदुस्तानी सभा के गठन पर गए थे जिसमें जैनेंद्र कुमार ने उन्हें आमंत्रित किया था। इस सभा के गठन से मुंशी प्रेमचन्द को बड़ी प्रसन्नता हुई और यह प्रसन्नता शब्दों के रूप में 'हंस' पत्र में प्रकाशित हुई। उसके अनुसार-

"हिन्दुस्तान में शायद यह पहला मौका था कि 8 मार्च को देहली क़ी जामिया मिल्लिया में देहली के उर्दू और हिन्दी के अदीबों और साहित्यकारों ने मिलकर एक हिन्दुस्तानी सभा की बुनियाद डाली, जिसका उद्देश्य यह होगा कि वह दोनों साहित्यिकों को एक-दूसरे के समीप लाए। उनके अदीबों में मुहब्बत, हमदर्दी और एकता पैदा करे, उन्हें एक-दूसरे के विचारों और भावों के जानने और समझने का मौका दे, और हिन्दुस्तानी भाषा के विकास का आयोजन करे। एक समय था, जब इल्म और फन की इतनी उन्नति और राजनीति में इतनी जागृति न होने पर भी आपस में बहुत कुछ मुहब्बत थी। मगर ज़माने ने कुछ ऐसा पलटा खाया कि हिन्दी हिन्दुओं की ज़बान हो गई और उर्दू मुसलमानों की। हिन्दुओं ने उर्दू से मुँह मोड़ना शुरू किया, मुसलमानों ने हिन्दी से। इस प्रकार हिन्दी, उर्दू और साहित्य-राजनीति के चक्कर में पड़ गए।

इस तरह दोनों ज़बानें अलग होती जा रही हैं, और जिनसे हम अपनी ज़बान में बेतकल्लुफ बातचीत न कर सकें, उनसे दिल क्योंकर मिलेगा। हिन्दी और उर्दू साहित्य बदकिस्मती से ऐसे ज़माने से गुज़रे जब साहित्य ने आज ज़िंदगी से नाता तोड़-सा लिया था और उनकी सारी ताकत विरह और विलाप के दुखड़े रोने में कटती थी, या बहुत हुआ तो शराब की तारीफ की और दुनिया की अनित्यता पर फिलॉस्फी बघारी, लेकिन दुनिया में जो साहित्य जीते-जागते हैं, उन्होंने कौम की तारीख बनाई है, उसकी संस्कृति बनाई है।"

यहाँ मुंशी जी ने बिल्कुल सही कहा था कि हिन्दी और उर्दू ज़बानों में राजनीति के प्रवेश ने दोनों को साहित्य से अलग कर डाला। साथ ही दोनों को हिंदू और मुस्लमानों की ज़बान बना डाला।

उन्हीं दिनों मुंशी जी को हिंदी सम्मेलन के लिए लाहौर, प्रगतिशील सम्मेलन के लिए लखनऊ आदि जाने के लिए बुलावा आया। लखनऊ से आये बुलावे का प्रत्युत्तर उन्होंने इस प्रकार दिया–"इस वक्त सभापतित्व के लिए दो जगह से निमंत्रण पड़े हैं–एक लाहौर के हिन्दी सम्मेलन का, दूसरा हैदराबाद की हिन्दी प्रचार सभा का। कहाँ-कहाँ प्रिसाइड करूँ। हमारी संस्था में कोई बाहर का आदमी सभापति बने तो ज्यादा अच्छा हो।"

लखनऊ में शब्दों का जादू

मुंशी जी को ही अंततः इस प्रगतिशील लेखक सम्मेलन के लिए हाँ करनी पड़ी। वैसे तो मुंशी जी जाने की इच्छा नहीं रखते थे लेकिन जाना पड़ा और उन्हें सभापति भी बनना पड़ा। सम्मेलन 9 व 10 अप्रैल, 1936 को था। मुंशी जी ठीक समय से पहले पहुँचे। उन्हें वहाँ भाषण भी देना था। अपने भाषण में लोगों को संबोधित करते हुए उन्होंने कहा–

"...प्रश्न यह है कि सौंदर्य है क्या वस्तु? हमने सूरज का उगना और डूबना देखा है, उषा और संध्या की लालिमा देखी है, सुंदर सुगंधि भरे फूल देखें हैं, मीठी बोलियाँ बोलने वाली चिड़ियाँ देखी हैं, कलकल निनादिनी नदियाँ देखी हैं, नाचते हुए झरने देखे हैं। यही सौंदर्य है। इन दृश्यों को देखकर हमारा अंतःकरण क्यों खिल उठता है? इसलिए कि

इसमें रंग या ध्वनि का सामंजस्य है। हमारी रचना ही तत्त्वों के समानुपात में संयोग से हुई है, इसलिए हमारी आत्मा सदा उसी साम्य तथा सामंजस्य की खोज में रहती है। मुझे यह कहने में हिचक नहीं कि मैं और चीज़ों की तरह कला को भी उपयोगिता की तुला पर तौलता हूँ। हमें सुंदरता की कसौटी बदलनी होगी। कला नाम था और अब भी है संकुचित रूप पूजा का। उसकी दृष्टि अभी इतनी व्यापक नहीं, कि जीवन संग्राम में सौंदर्य का परमोत्कर्ष देखे। उसके लिए सौंदर्य सुंदर स्त्री में है। उस बच्चों वाली, गरीब, रूपहीन स्त्री में नहीं जो बच्चे को खेत की मेड़ पर सुलाये बिना पसीना बहा रही है। पर यह संकीर्ण दृष्टि का दोष है। अगर उसकी सौंदर्य देखने वाली दृष्टि में विस्मृति आ जाए तो वह देखेगा कि रंगे होंठों और कपोलों की आड़ में अगर रूप, गर्व और निष्ठुरता छिपी है तो इन मुरझाए हुए होंठों और कुहलाये हुए गालों के आँसुओं में त्याग, श्रद्धा और कष्ट-सहिष्णुता है।

"जिन्हें धन-वैभव से प्यार है, साहित्य-मंदिर में उनके लिए स्थान नहीं है। यहाँ तो उनको उपासकों की जरूरत है जिन्होंने सेवा को ही अपने जीवन की सार्थकता मान लिया हो, जिसके दिल में दर्द की तड़प हो और मुहब्बत का जोश हो। अपनी इज़्ज़त तो अपने हाथ है। अगर हम सच्चे दिल से समाज की सेवा करेंगे तो मान-प्रतिष्ठा और प्रसिद्धि, सभी हमारे पाँव चूमेंगी। फिर मान-प्रतिष्ठा की चिंता हमें क्यों सताए? और उसके न मिलने से हम निराश क्यों हों? सेवा में जो आध्यात्मिक आनंद है, वही हमारा पुरस्कार है। हमें समाज पर अपना बड़प्पन जताने, उस पर रोब जमाने की हवस क्यों हो? दूसरों से ज्यादा आराम के साथ रहने की इच्छा भी हमें क्यों सतावे? हम अमीरों की श्रेणी में अपनी गिनती क्यों कराएं? हम तो समाज का झण्डा लेकर चलने वाले सिपाही हैं।"

लाहौर हिन्दी सम्मेलन में

लखनऊ में अपने शब्दों के जादू से सभी को मंत्र-मुग्ध करके मुंशी जी लाहौर पहुँचे जहाँ उन्हें हिन्दी सम्मेलन के लिए आमंत्रित किया गया था। वहाँ उन्हें हिन्दी-उर्दू भाषा की एकता पर अपने विचार रखने थे। मुंशी जी ने इस विषय पर कहा-

"मैं यहाँ हिन्दी भाषा की उत्पत्ति और विकास की कथा नहीं कहना चाहता, वह सारी कथा भाषा-विज्ञान की पोथियों में लिखी हुई है। हमारे लिए इतना ही जानना काफी है कि आज हिन्दुस्तान के पंद्रह-सोलह करोड़ लोगों के सभ्य व्यवहार और साहित्य की यही भाषा है। हाँ, वह लिखी जाती है तो लिपियों में और उसी एतबार से हम उसे हिन्दी या उर्दू कहते हैं। पर है वह एक ही। बोलचाल में तो उसमें बहुत कम फर्क है। हाँ, लिखने में वह फर्क बढ़ जाता है।

"भाषा के विकास में हमारी संस्कृति की छाप होती है और जहाँ संस्कृति में भेद होगा वहाँ भाषा में भेद होना स्वाभाविक है। जिस भाषा का हम और आप व्यवहार कर रहे हैं वह दिल्ली प्रांत की भाषा है। मुसलमानों ही ने दिल्ली प्रांत की इस बोली को, जिसको उस वक्त तक भाषा का पद न मिला था, व्यवहार में लाकर उसे दरबार की भाषा बना दिया और दिल्ली के उमरा और सामंत जिन प्रांतों में गए, हिन्दी भाषा को साथ लेते गए। उन्हीं के साथ वह दक्खिन में पहुँची और उसका बचपन दक्खिन ही में गुज़रा।

"दोनों तरफ से इस अलगौझे का सबब शायद यही है कि हमारा पढ़ा-लिखा समाज जनता से अलग-थलग होता जा रहा है और उसे इसकी खबर ही नहीं कि जनता किस तरह अपने भावों और विचारों को अदा करती है। ऐसी ज़बान जिसके लिखने और समझने वाले थोड़े से पढ़े-लिखे लोग ही हों, मसनुई, बेजान और बोझल हो जाती है। जनता का मर्म-स्पर्श करने की, उन तक अपना पैग़ाम पहुँचाने की उसमें कोई शक्ति नहीं रहती। वह उस तालाब की तरह है जिसके घाट संगमरमर के बने हों, जिसमें कमल खिले हों लेकिन उसका पानी बंद हो। क्या उस पानी में वह मज़ा, वह सेहत देने वाली ताकत, वह सफाई है जो खुली हुई धारा में होती है? कौम की ज़बान वह है जिसे कौम समझे, जिसमें कौम की आत्मा हो, जिसमें कौम के जज़्बात हों। अगर पढ़े-लिखे समाज की ज़बान ही कौम की ज़बान है तो क्यों न हम अंग्रेजी को कौम की ज़बान समझें, क्योंकि मेरा तजुरबा है कि आज पढ़ा-लिखा समाज जिस बेतकल्लुफी से अंग्रेजी बोल सकता है, और जिस रवानी के साथ अंग्रेजी लिख सकता है, उर्दू या हिन्दी बोल या लिख नहीं

सकता। बड़े-बड़े दफ्तरों में और ऊँचे दायरे में आज भी किसी को उर्दू-हिन्दी बोलने की महीनों, बरसों जरूरत नहीं होती। खानसामे और बैरे भी ऐसे रखे जाते हैं जो अंग्रेजी बोलते और समझते हैं। जो लोग इस तरह की ज़िंदगी बसर करने के शौकीन हैं उनके लिए तो उर्दू-हिन्दी-हिन्दुस्तानी का कोई झगड़ा ही नहीं। वे इतनी बुलंदी पर पहुँच गए हैं कि नीचे की धूल और गर्मी उन पर कोई असर नहीं कर सकती। यह मुअल्लक हवा में लटके रह सकते हैं। लेकिन हम सब तो हज़ार कोशिश करने पर भी वहाँ तक नहीं पहुँच सकते। हमें तो इसी धूल और गर्मी में जीना और मरना है।

"दिलों की दूरी भाषा की दूरी का मुख्य कारण है। आपस में हेलमेल से उस दूरी को दूर करना होगा। हम दोनों ही के लिए दोनों लिपियों का और दोनों भाषाओं का ज्ञान लाज़िमी है। और जब हम ज़िंदगी के पंद्रह साल अंग्रेजी हासिल करने में कुर्बान करते हैं तो क्या महीने दो महीने भी उस लिपि और साहित्य का ज्ञान प्राप्त करने में नहीं लगा सकते जिस पर हमारी कौमी तरक्की ही नहीं, कौमी ज़िंदगी का दारोमदार है?"

'गोदान' का प्रकाशन

मुंशी जी के ये दिन अनेक स्थानों पर भाषण आदि में व्यतीत हुए। जगह-जगह उनके भाषण हुए। उन्होंने लोगों को अपने शब्दों के जादू से बाँधा, मंत्र-मुग्ध किया। वापसी पर मुंशी जी ने 'गोदान' उपन्यास पूरा किया और जून माह 1936 में यह उपन्यास छपकर तैयार हुआ।

जून माह में ही मुंशी जी बीमार हुए। एक तरह से उन्होंने बिस्तर पकड़ लिया। धीरे-धीरे उनकी हालत ज्यादा खराब होती गई। कमज़ोरी बढ़ती गई।

•••

अध्याय 13

अलविदा प्रेमचन्द

25 जून, 1936 को रात ढाई बजे मुंशी जी ने कहा–"बेटा धुन्नू! ज़रा पंखा खोल दो। बड़ी गर्मी हो रही है।"

छोटा लड़का भागा हुआ अपनी माँ के कमरे में गया और बोला– "अम्माँ! बाबूजी को कै हुई है।"

अम्मा चौंक पड़ीं, झपटकर वहाँ पहुँचीं और खून की कै देखी तो सिहर उठीं, 'मानो किसी ने मेरी देह में बिजली छुलाकर घाव कर दिया हो!'

मुंशी जी धीमे से बुदबुदाये–"रानी! अब मैं चला।"

रानी ने अपने स्वाभाविक शासन-स्वर में कहा–"चुप रहो। तुम मुझे छोड़कर नहीं जा सकते।"

मुंशी जी ने गिरे हुए खून की तरफ इशारा किया और कहा– "जिसके मुँह से इतना खून गिरे, क्या तुम उससे भी जीने की आशा करती हो?"

रानी ने कहा–"क्यों न करूँ? मैंने किसी का कुछ नहीं बिगाड़ा है।"

मुंशी जी ने मुँह फेर लिया।

इस तरह मुंशी जी की हालत अचानक बिगड़ी और फिर बिगड़ती ही गई। कमज़ोरी इतनी हो गई कि चलने-फिरने में भी परेशानी। दवा-दारू प्रारंभ हुई।

लखनऊ में मुंशी जी का इलाज चला। लेकिन अब मुंशी जी को भी जीने की आशा जैसे कम रह गई। या यूँ कहें जिजीविषा ही न रही।

जब गंगाप्रसाद उनसे मिलने आए तो मुंशी जी ने कहा–"अब मैं न बचूँगा और मैं सोचता हूँ कि मरना ही है तो अपने बच्चों के बीच में जाकर क्यों न मरूँ।"

एक मार्मिक पत्र

मुंशी जी उठने, बोलने, अपने अंदाज में ठहाके लगाने में असमर्थ हो गए थे। उन्होंने अपने परम मित्र मुंशी दया नारायण निगम को भी बुलवा भेजा और अपने मित्र से मिलकर एक तरह से उनसे भी भावभीनी विदाई ली। उस समय मुंशी जी से उनके अनेक साहित्यिक मित्रगण मिलने आए। जिसमें पंडित राम नरेश तिवारी, पंडित नंद दुलारे वाजपेई, जैनेन्द्र कुमार आदि भी थे।

सूर्यकांत त्रिपाठी 'निराला' ने उनसे मिलने के पश्चात् 1 अक्टूबर, 1936 को 'भारत' पत्र में मुंशी प्रेमचन्द से ही संबंधित एक लेख प्रकाशित करवाया–

"हिन्दी के युगांतर-साहित्य के सर्वश्रेष्ठ रत्न, अंतर्प्रान्तीय ख्याति के हिंदी के प्रथम साहित्यिक, प्रतिकूल परिस्थितियों से निर्भीक, वीर की तरह लड़ने वाले, उपन्यास-संसार के एकछत्र सम्राट, रचना-प्रतियोगिता में विश्व के अधिक-से-अधिक लिखने वाले मनीषियों के समकक्ष, आदरणीय श्रीमान प्रेमचन्दजी आज महाव्याधि से ग्रस्त होकर शय्याशायी हो रहे हैं। कितने दुःख की बात है, हिन्दी के जिन पत्रों में हम राजनीतिक नेताओं के मामूली बुखार का तापमान प्रतिदिन पढ़ते रहते हैं, उनमें श्री प्रेमचन्द जी की, हिन्दी का महान उपकार करने वाले प्रेमचन्दजी की अवस्था की साप्ताहिक खबर भी हमें पढ़ने को नहीं मिलती। दुःख नहीं, यह लज्जा की बात है, हिन्दी-भाषियों के लिए मर जाने की बात है। उन्होंने अपने साहित्यिकों की ऐसी दशा नहीं होने दी कि वे हँसते हुए जीते और आशीर्वाद देते हुए मरते। इसी अभिशाप के कारण हिन्दी महारानी होकर अपनी प्रांतीय सखियों की भी दासी है।

मैं जब बाबू राजेन्द्र प्रसाद और पंडित जवाहरलाल नेहरू जैसे राष्ट्र के समादृत नेताओं को देखता हूँ और साथ-साथ मुझे श्री प्रेमचन्दजी की याद आती है, मेरा हृदय आनंद और भक्ति से पूर्ण हो जाता है। मैं देखता

हूँ, राजनीति के सामने साहित्य का सर नहीं झुका, बल्कि और ऊँचा है, केवल देखने वाले नहीं हैं। हिन्दी-भाषी मुझे अच्छी तरह जानते हैं। वे यह भी जानंते होंगे, मेरे कानों में डंके की आवाज़ कम जाती है। जिस साधना से आदमी आदमी है, जिसके कारण नेता सम्मान पाते हैं, मैं उसी की जाँच करता हूँ। वहाँ प्रेमचन्दजी, दरिद्र प्रेमचन्दजी, अपने अध्यवसाय से शिक्षा प्राप्त करने वाले प्रेमचन्द जी, साहित्य की साधना में यहाँ-वहाँ भटकते फिरने वाले प्रेमचन्दजी, फिर भी एकनिष्ठ होकर दिन-पर-दिन, महीने-पर-महीने, वर्ष-पर-वर्ष साधना करते रहने वाले प्रेमचन्दजी, बड़े, बड़े, बहुत बड़े हैं।

प्रेमचन्दजी के सरस्वती प्रेस में मेरी 'गीतिका' छप रही थी। प्रकाशक भारती भंडार। एक दिन पंडित वाचस्पति पाठक, जिनका मैं अतिथि था, बोले–"प्रेमचन्दजी से मिल लीजिए।" उस समय प्रायः आधा जून, दोपहर की लू चलती थी। प्रेमचन्द जी के नाम से मैंने चलना स्वीकार कर लिया। प्रेस पहुँचकर दोमंजिले पर चलकर देखा, प्रेमचन्द जी बैठे हैं। मैं उनके परिवार भर से परिचित था। श्रीमती शिवरानी जी भी आईं। मैंने प्रणाम किया। फिर एक ग्लास पानी माँगा। बहुत दिनों बाद प्रेमचन्दजी को देखा था। मालूम होता था, वे और दुर्बल हो गए हैं। उनसे कहा। उन्होंने कहा, जैसा कहा करते हैं, 'नहीं, यह तो मेरी काठी है।' कुछ देर तक साहित्यिक बातचीत हुई। फिर मैं विदा हुआ। उस दुर्बल देह में शक्ति और ओज पूर्ण मात्रा में थे।

कुछ दिन बीत गए। प्रेमचन्द जी के 'गोदान' की काफी चर्चा हो रही थी। एक दिन सुना, 'प्रसाद' जी (जयशंकर) प्रेमचन्द जी से मिलने गए थे, वे सख्त बीमार हैं। फिर सुना, प्रेमचन्दजी एक्स-रे कराने के लिए लखनऊ गए हैं। फिर मालूम हुआ, वे लखनऊ से वापस आ गए हैं। एक दिन पं॰ नंददुलारे जी वाजपेयी के साथ उन्हें देखने गया। वे उसी कमरे में बैठे हुए थे। पर इस बार फर्श पर न थे, बिछे पलंग पर बैठे हुए थे। श्रीमती शिवरानी देवी उनके लिए दवा तैयार कर रही थीं। उनकी लड़की अपने लड़कों को लेकर आ गई थी, एक ओर खड़ी थी, मुझे देखकर नमस्ते किया, मैं प्रेमचन्द जी की बीमारी की चिंता में था, कुछ कहा नहीं, सिर्फ हाथ उठाकर नमस्कार किया। वह खड़ी हँस रही

थी। मेरी दृष्टि की सियाही उसके मुख पर पड़ी। उसके मुख पर मुझे झाईं- सी दिखी। अगर नीचे उसके अत्यंत सुंदर बड़े लड़के को खेलते हुए मैंने न देखा होता, उसका परिचय मालूम कर उसे डरवा न चुका होता तो पहचान न पाता की यह लड़की है। फिर भी मैंने प्रेमचन्द जी से पूछा। लड़की ने लड़की की खुली आवाज़ से कहा, "क्या आपने मुझे पहचाना नहीं? मैंने तो आपको पहचान लिया।" मैंने कहा, "मुझमें तो कोई परिवर्तन हुआ नहीं, पर तुम पहले लड़की थी, अब माँ हो गई हो।" लड़की झेंप गई। प्रेमचन्दजी खुलकर हँसे। देवी शिवरानी जी दवा तैयार करती हुई मुस्कराईं।

प्रेमचन्दजी दुर्बल थे, जलोदर का पूरा प्रकोप था, फिर भी एक वीर की तरह बैठे हुए वार्तालाप करते रहे। बड़ी ज़िंदादिली, सुनने वालों पर उसका असर पड़ता हुआ, जैसे सुनने वालों को ही वे स्वास्थ्य पहुँचा रहे हों। मैं उस विजयिनी ध्वनि को तोल रहा था जिसका सर नीचा नहीं हुआ, जो हिंदी की महाशक्ति है और रह-रहकर दुर्बल अस्थिशेष प्रेमचन्दजी को देख रहा था। दूसरे प्रसंग पर पूछा, "आप लखनऊ गए थे, वहाँ क्या कहा डॉक्टरों ने?" "कुछ नहीं, संतोषजनक उत्तर नहीं मिला। कहा कुछ नहीं, ठहरने के लिए कहा, पर कुछ डिसेंट्री की शिकायत मालूम दी, परेदश, देखभाल वाला कोई नहीं, लड़के को ले गया था, कौन तीमारदारी करे, लौट आया।" वाजपेयी जी से लेख आदि के लिए प्रेमचन्द जी ने कहा। कुछ देर तक बातचीत करके फिर हम लोगों ने उनसे विदा ली।

कुछ दिन और बीते। 'गीतिका' छप चुकी थी। अंतिम दो-एक फार्म थे। मैं प्रेस गया हुआ था। प्रेमचन्दजी के बड़े लड़के मिले। प्रेस की आवश्यक बातें कहकर मैंने उनसे प्रेमचन्दजी से मिलने की इच्छा प्रकट की। उन्होंने कहा, अब तो वे यहाँ नहीं रहते। मुझे उनका मुकाम बतलाया। मेरे रास्ते में ही मकान पड़ता था, मैं चला। बादल घिरे थे। चलते-चलते पानी गिरने लगा। छाता नहीं था। भीगते हुए आनंद आने लगा। मकान के पास आकर अनिश्चय में पड़ गया कि कौन-सा मकान होगा। फाटक बतलाया था, यहाँ फाटक न दिखा, एक दरवाजा सिर्फ दिख पड़ा। डरते हुए खोला। भीतर लम्बा मैदान देखा। किनारे से रास्ता गया था। मैदान के

उस तरफ मकान था। कोई था नहीं जिससे पूछता। हिम्मत बाँधकर बढ़ा। किनारे चमेली की झाड़, कहीं-कहीं अपराजिता लिपटी हुई, दोनों खिले। चमेली के रात के खिले कोमल फूल बूँदों के थपेड़ों से व्याकुल थे। देखता हुआ एक फूल छुआ। फूल वक्ष पर रखे से थे, उठा लिया। लिए हुए उनकी दशा पर विचार करता हुआ मकान के सामने आया। दूर से दो-एक अपरिचित देवियाँ दिख पड़ीं। एक जोड़ी छोटे जूते पड़े थे। सोचा, ये उसी लड़की के लड़के के जूते होंगे। एक बगल में चिक पड़ी हुई दिख पड़ी। उधर चला, तब तक शिवरानी जी दिखाई पड़ीं। उनसे पूछा। क्षीण स्वर से उन्होंने कहा, "सोये हैं, जाइए।" मैं गया। देखा, प्रेमचन्द जी अत्यत दुर्बल हो गए हैं। पेट फूला हुआ है।

प्रेमचन्दजी ने आँखें खोलीं, मुझे देखा। बड़ी करुण दृष्टि। मैंने प्रणाम किया। पूछा आप कैसे हैं? दोनों बाहों की ओर दृष्टि फेरकर उन्होंने कहा, देखिए। बड़ा करुण स्वर। अत्यंत दुर्बल बाँहें। मुझे शंका हो चली। सिंह को गोली भरपूर लग गई है। अब वह आवाज़ नहीं रही। मैं चुपचाप कुर्सी पर बैठ गया। "कैसे सँभलेगा?" प्रेमचन्दजी बोले। उन्हें अपने बच्चों की चिंता हो रही थी। मैं भरसक अपने को सँभाल रहा था। मेरे हाथ का फूल वहीं छूटकर गिर गया।

कुछ दिन और बीते। नंददुलारे जी के हाथ एक गीत मैंने 'हंस' कार्यालय को भेज दिया। बड़ी कविता लिख रहा था, वह तैयार न हुई थी, फिर भेजने के लिए कहला भेजा। नंददुलारे जी अपना लेख लेकर जाने वाले थे, प्रेमचन्दजी को देखने के उद्देश्य से। इसके कुछ दिन बाद वाचस्पति जी पाठक और पद्मनारायण जी आचार्य के साथ, काशी छोड़ने से पहले प्रेमचन्दजी के दर्शनों के लिए चला। पद्मनारायण जी 'गीता धर्म' के संपादक हैं, अभी तक प्रेमचन्दजी से व्यक्तिगत रूप से परिचित नहीं हो सके। 'मैथिली मान' के लिए उनकी कुछ आज्ञा है। हम लोग एक्के से चले। रास्ते भर गुप्तजी के अभिनंदन की बात होती रही। मुझे बार-बार प्रेमचन्दजी की याद आती रही। गुप्तजी को आदर की दृष्टि से देखता हूँ, उसके अनेक प्रमाण दे चुका हूँ, सोच रहा था, प्रेमचन्दजी को न तो मंगलाप्रसाद पारितोषिक मिला, न कोई अभिनंदन। वे हिन्दी साहित्य सम्मेलन के सभापति भी नहीं चुने गए। मन ने कहा–'तुम्हारे लिए भी यही

फैसला है, जिसने जैसा दिया वैसा पाया।' मैंने कहा–'मैं इसी तरह गुज़रूँगा। अगर कुछ काम कर सकता तो नाम-यश मुझे नहीं चाहिए।'

अब तक प्रेमचन्दजी का मकान आ गया। हम लोग एक्के से उतरकर भीतर चले। मकान के सामने पहुँचे तो दो नवागंतुक बैठे हुए दिखे। पर ऐसे बैठे थे जैसे घर के आदमी हों। मैंने सोचा, ये भय्याचार होंगे या रिश्तेदार। साथियों के साथ भीतर गया, सन्नाटा था। बड़ी धीमी आवाज़ में एक आगंतुक ने कहा, "बैठिए।" मैं चप्पल उतारकर चारपाई पर बैठ गया। इधर-उधर देखा, पहचान का कोई न देख पड़ा। तब उन्हीं महाशय से कहा, हम लोग प्रेमचन्द जी को देखने के लिए आए हैं। नवागंतुक ने मेरा नाम पूछा। मैंने अपना नाम बतलाया। इस समय देवी शिवरानी बाहर आईं। प्रेमचन्दजी वहीं चारपाई पर थे। रस्सी बाँधकर पर्दा कर रखा गया था। पर्दा हटाने लगीं। मैं प्रेमचन्द जी के सामने वाली चारपाई की ओर बढ़ा तो आगंतुक महोदय ने कहा, "ज्यादा बातचीत मना है।" मैं अपने लक्ष्य पर चलकर बैठ गया। देखते ही मेरे होश उड़ गए। प्रेमचन्द जी ने हाथ जोड़कर कहा–"अब तो अंतिम विदा है।"

मौत का गहन सन्नाटा!

मौत किसी को नहीं बख्शती!

सुबह के साढ़े सात बजे होंगे। 8 अक्टूबर, 1936–पत्नी शिवरानी मुँह धुलाने के लिए गरम पानी लेकर आईं। मंजन के लिए प्रेमचन्द जी ने एक-दो बार मुँह चलाया फिर मुँह जाम हो गया और देखते ही देखते सारा शरीर अकड़ गया–और फिर पंछी उड़ गया।

ग्यारह बजे तक अर्थी बंध गई। मुश्किल से दो दर्ज़न लोग गुमनाम प्रेमचन्द की लाश लेकर मणिकर्णिका घाट की ओर चले। मार्ग में एक ने दूसरे से पूछा–"कौन था?"

"कोई मास्टर था।" जवाब मिला।

इस तरह एक महान कालजयी साहित्यकार धनपत राय, नवाब राय, मुंशी प्रेमचन्द का 8 अक्टूबर, 1936 को प्राणांत हुआ। अपने अंतिम दिनों मुंशी प्रेमचन्द मंगलसूत्र नामक उपन्यास लिख रहे थे, लेकिन वह पूरा नहीं हो सका, बाद में 1948 में प्रकाशित हुआ।

●●●

अध्याय 14

खट्टी-मीठी यादें

व्यक्ति संसार में यादों को, संस्मरणों को अपनी धरोहर के रूप में छोड़ जाता है। वे यादें मानो उसे हमारे सामने साकार कर देती हैं। इस अध्याय में मुंशी प्रेमचन्द की वैसी ही कुछ यादों को पिरोया गया है–

गुड़ का सफाया

▯ यह संस्मरण स्वयं मुंशी प्रेमचन्द ने लिखा है–

"अम्माँ तीन महीने के लिए अपने मैके या मेरी ननिहाल गई थीं और मैंने तीन महीने में एक मन गुड़ का सफाया कर दिया था। यही गुड़ के दिन थे। नाना बीमार थे, अम्माँ को बुला भेजा था। मेरा इम्तिहान पास था, इसलिए मैं उनके साथ न जा सका। जाते वक्त उन्होंने एक मन गुड़ लेकर एक मटके में रखा और उसके मुँह पर एक सकोरा रखकर मिट्टी से बंद कर दिया। मुझे सख्त ताकीद कर दी कि मटका न खोलना। मेरे लिए थोड़ा-सा गुड़ एक हाँड़ी में रख दिया था। वह हाँड़ी मैंने एक हफ्ते में सफाचट कर दी। सुबह को दूध के साथ गुड़, दोपहर को रोटियों के साथ गुड़, तीसरे पहर दानों के साथ गुड़, रात को फिर दूध के साथ गुड़। यहाँ तक जायज़ खर्च था, जिस पर अम्माँ को भी कोई एतराज न हो सकता। मगर स्कूल से बार-बार पानी पीने के बहाने घर में आता और दो-एक पिंडियाँ निकालकर खा लेता। उसकी बजट में कहाँ गुंजाइश थी। और गुड़ का कुछ ऐसा चस्का पड़ गया कि हर वक्त वही नशा सवार रहता। मेरा घर में आना गुड़ के सिर शामत आना था। एक हफ्ते में हाँड़ी ने जवाब दे दिया। मगर मटका खोलने की सख्त मनाही थी और अम्माँ के घर आने में अभी पौने तीन महीने बाकी थे। एक

दिन तो मैंने बड़ी मुश्किल से जैसे-तैसे सब्र किया लेकिन दूसरे दिन एक आह के साथ सब्र जाता रहा और मटके की एक मीठी चितवन के साथ होश रुखसत हो गया।

फिर तो इस दो अंगुल की जीभ ने क्या-क्या नाच नचाया है।

अपने को कोसता, धिक्कारता—गुड़ तो खा रहे हो मगर बरसात में सारा शरीर सड़ जाएगा, गंधक का मलहम लगाए घूमोगे, कोई तुम्हारे पास बैठना भी न पसंद करेगा। कसमें खाता, विद्या की, माँ की, स्वर्गीय पिता की, गऊ की, ईश्वर की। मगर सब बेसूद। कोठरी में ताला लगाकर एक बार उसकी चाभी दीवार की संधि में डाल दी जाती है और दूसरी बार कुएँ में फेंक दी जाती है, मगर तब भी रिहाई नहीं मिलती और वह मन भर का मटका पेट में समा जाता है।"

बाग़ी किताब का लेखक

 यह संस्मरण उस समय का है जब मुंशी जी की पुस्तक 'सोज़े वतन' की प्रतियाँ ब्रिटिश सरकार ने जब्त कर ली थीं। मुंशी जी स्वयं भी सरकारी व्यक्ति थे। पुस्तक के ज़ब्त हो जाने के बाद जब मुंशी जी कानपुर गए तो उन्हें वहाँ मुंशी प्यारे लाल 'शाकिर' मिल गए। 'शाकिर' साहब ने मुंशी जी के साथ हुई उसी मुलाकात के विषय में लिखा है–

"एक घंटे तक साथ रहा। इसी एक घंटे में दुनिया भर की बातें हो गईं। मैंने 'सोज़े वतन' के बारे में कैफियत दर्याफ्त की तो कहा, "क्या कहूँ, बड़ी मुश्किल में फँस गया था। वह तो खैरियत गुज़री कि किताबें देकर पीछा छूट गया वर्ना जान पर आ बनी थी।" इसके बाद 'जान बची लाखों पाए' कहकर बड़े ज़ोर का कहकहा लगाया। फिर कहने लगे कि 'जानते हो यह बला कैसे नाज़िल हुई?' मैंने कहा कि नहीं तो फिर एक कहकहा लगाया और इसके बाद बोले—'मुंशी दया नारायण निगम के यहाँ से किताब शाया हुई थी। मालूम नहीं क्या वजह हुई कि किताब पर प्रिंटर-पब्लिशर का नाम नहीं था। जाहिर है कि ऐसी गलती जान-बूझकर नहीं हुआ करती मगर सुनता कौन है, जाँच-पड़ताल हुई तो इसी सिलसिले में मेरा नाम भी खुल गया। खुद ही सोचो, एक सरकारी मुलाज़िम और 'सोज़े वतन' जैसी बाग़ी किताब का लेखक! तौबा तौबा! वह तो अच्छा हुआ कि किताबों पर बला टल गई वर्ना क्या

अजब था कि मांडले की हवा खानी पड़ती।' इतना कहकर फिर ऐसा ज़ोर का कहकहा लगाया कि बाज़ारवाले भी हक्का-बक्का हो गए।"

सरयू में झोंक दूँ

▯ यह संस्मरण मुंशी प्रेमचन्द की पत्नी शिवरानी देवी का है जो शांत स्वभाव के मुंशी जी के अलग ही स्वरूप को प्रस्तुत करता है। शिवरानी देवी के अनुसार–

"एक बार की बात है, मैं बस्ती से इलाहाबाद जा रही थी। मेरी गोद में बेटी कमला सवा साल की थी। सरयू पार करना था। स्टीमर में हम बैठे थे। ऊँची बेंच पर आप थे। नीचे उनके पैरों के पास, मैं थी। वे लड़की को लेकर ऊँची बेंच पर थे। किसी महाशय से बातें कर रहे थे। इतने में बीस-पच्चीस वर्ष का एक नवयुवक आया। वह जैसे-जैसे मेरी तरफ बढ़ रहा था, वैसे-वैसे मैं आपके पैर के पास खिसकती जा रही थी। जब मैंने देखा कि वह बिल्कुल करीब था। आपका पैर दबाकर मैं बोली–"आप इस बदमाश को देख नहीं रहे हैं, मेरी तरफ बढ़ा आ रहा है।"

उस बदमाश की हरकत देखकर आपको भी क्रोध आया। बच्ची को मेरी गोद में देकर उसकी गर्दन पकड़कर काफी दूर तक ले गए। बोले–"सरयू में झोंक दूँ?"

युवक–"मैंने क्या गुनाह किया है? मैं तो खड़ा था।"

"खड़े होने की वहाँ गुंजाइश थी, जहाँ तुम खड़े थे? स्त्रियों के सिर पर खड़े होते हो? अगर दुबारा ज़बान निकाली तो अभी झोंक दूँगा सरयू में।"

उन्हें अत्यंत क्रोध में जान, हाथ पकड़कर खींच लाई। उस समय आप क्रोध के मारे काँप भी रहे थे।"

प्रेमचन्द से मिलेंगे

▯ यह संस्मरण मुंशी प्रेमचन्द के शायर मित्र रघुपति सहाय 'फ़िराक़' (फ़िराक़ गोरखपुरी) का है जो मुंशी प्रेमचन्द के साधारण रहन-सहन के संबंध में है। वह संस्मरण इस प्रकार है–

"आज से पचास-पचपन साल पहले पूरे हिन्दुस्तान में जो लोग उर्दू साहित्य में रुचि रखते थे, उनके पास एक ही मासिक पत्रिका पढ़ने के लिए थी–कानपुर का रिसाला 'ज़माना'। पहले-पहल शायद सन्

1910 में एक कहानी इस रिसाले में मैंने पढ़ी जिसका नाम था 'बड़े घर की बेटी'। मेरे घर में, बल्कि मुहल्ले में इस कहानी की चर्चा थी। पहली बार कोई चीज पढ़कर मेरी आँखों में आँसू आए थे, तो वह चीज यह कहानी थी। घरेलू जीवन की एक ऐसी जीती-जागती झलक इस कहानी में थी जिसकी मिसाल उस समय तक के उर्दू और हिन्दी-साहित्य में कहीं नहीं मिलती थी। उसी समय से मुझे कुछ ऐसा मालूम होने लगा कि प्रेमचन्द आदमी के रूप में शायद कोई देवता हैं।

मैं स्कूल से निकलकर कॉलेज में आ चुका था और म्योर कॉलेज इलाहाबाद में बी॰ए॰ में पढ़ रहा था। गर्मी की छुट्टियों में मैं गोरखपुर आया हुआ था। पुराने दोस्त महावीर प्रसाद पोद्दार वहाँ मिले। पोद्दार जी के साथ कोई एक और साहब बैठे हुए थे—गोरा-चिट्टा रंग, मियाना कद, बड़ी-बड़ी आँखें, घनी-घनी मूँछें, सर के बाल और मूँछें कुछ सुनहरे रंग कीं। घुटने से कुछ ही नीचे आने वाली धोती और छोटे साइज का कुर्ता पहने हुए थे। मैं पोद्दार जी से बातें करने लगा। उन साहब की तरफ मुखातिब भी न हुआ, न उनका परिचय पोद्दार जी ने कराया।

ओंकार प्रेस से मशहूर लोगों के संक्षिप्त जीवनचरित्र की एक पुस्तक माला निकल रही थी। मैंने यह राय जाहिर की कि हिन्दोस्तान के मशहूर लोगों के जीवनचरित्र छापकर इस पुस्तकमाला ने अच्छा काम किया लेकिन अब्राहम लिंकन जैसे भारतीय जनता में अपरिचित लोगों का जीवनचरित्र छापना बिल्कुल बेकार है। मेरी यह बात सुनकर पोद्दार जी के पास जो साहब बैठे हुए थे उन्होंने बड़े ज़ोर का कहकहा मारा और बिना परिचय हुए ही मुझसे कहने लगे—"आखिर लिंकन ने क्या कुसूर किया है कि उनको इस पुस्तकमाला में जगह न दी जाए?"

फिर प्रेमचन्द का जिक्र आया। बीच ही में पोद्दार जी ने कुछ रहस्यपूर्ण स्वर में मुझसे पूछा—"आप प्रेमचन्द से मिलेंगे?"

मैं यह कहना चाहता हूँ कि प्रेमचन्द के नाम का जो असर मेरी कल्पना पर था, उन्हें देखकर उस असर को कुछ ठेस-सी लगी। मैं यह समझता था कि इतना महान लेखक सूरत-शक्ल और लिबास में इतना ज्यादा सादा और दूसरे आदमियों की तरह का न होगा। मैं एक बहुत रोबीले और ठाट-बाट के आदमी की कल्पना को अपने दिल में पाले हुए था।"

बारह आने की बचत

▯ यह संस्मरण उस समय का है जब मुंशी प्रेमचन्द अचानक जैनेन्द्र कुमार के यहाँ दिल्ली पहुँचे और 'तार देने' में खर्च होने वाले बारह आने बचाए। जैनेन्द्र कुमार के अनुसार–

"एक सवेरे गली में दिखता क्या है कि कंधे पर कम्बल डाले, खरामा खरामा, चलते आ रहे हैं प्रेमचन्द जी। महात्मा भगवानदीन जी और पंडित सुंदरलाल जी भी तब घर पर थे। सुंदरलाल जी चबूतरे पर से दातून करते-करते बोले–"देखना जैनेन्द्र, यह प्रेमचन्द जी तो नहीं आ रहे हैं?"

मैंने कहा–"वही तो हैं।"

प्रेमचन्द जी के पास आने पर मैंने अचरज से पूछा–"यह क्या किस्सा है। न तार न चिट्ठी, और आप करिश्मे की भाँति आविर्भूत हो पड़े!"

बोले–"तार की क्या जरूरत थी। बारह आने पैसे कोई फालतू हैं। और देखो, तुम्हारे मक़ान का पता लग गया कि नहीं।"

मैंने कहा–"यह क्या गज़ब करते हैं। पहले से कुछ खबर तो दी होती। इस तरह से तो आपको बड़ी दिक्कत हुई होगी। गनीमत मानिए कि दिल्ली बंबई नहीं है। और ऐसे क्या आप दिल्ली से बेहद वाकिफ हैं?"

बोले–"नहीं जी, सोचा तुम्हारा मकान मिल ही जाएगा सो बारह आने बचाओ क्यों न। और मकान मिल गया कि नहीं? वैसे दिल्ली ज़िंदगी में पहली मर्तबा आया हूँ।"

ज़िंदगी में पहली बार! मैंने अविश्वास के भाव से कहा–"आप कहते क्या हैं! तिस पर आप हैं सम्राट!"

माथे पर एक बल नहीं

▯ अप्रैल, 1936 में लखनऊ में प्रगतिशील लेखक सम्मेलन हो रहा था और उसमें मुंशी प्रेमचन्द को सभापति के रूप में आमंत्रित किया गया था। इस सम्मेलन में सम्मिलित होने के लिए मुंशी जी लखनऊ में सज्जाद ज़हीर के घर पहुँचे। उसी दिन का यह संस्मरण सम्मेलन-व्यवस्थापक सज्जाद ज़हीर के अनुसार–

"ज्यों-ज्यों कांफ्रेंस का दिन निकट आता, हमारी घबराहट बढ़ती जाती। रुपयों की कमी के कारण हम अपने प्रतिनिधियों को ठहराने और उनके खाने-पीने का प्रबंध भी न कर सकते थे। कुछ को हमने अपने मित्रों और रिश्तेदारों के यहाँ ठहराने की व्यवस्था की थी।

बाहर से आने वाले लोगों का स्वागत रेलवे स्टेशन पर करना भी हमारे बस का नहीं था। तीन-चार आदमी आखिर क्या-क्या करते? तो भी अपनी कांफ्रेंस के प्रधान मुंशी प्रेमचन्द को स्टेशन से लेने के लिए जाने का फैसला हमने किया था। महमूद किसी और काम में लगे हुए थे, इसलिए रशीदा और मैंने तय किया कि हम दोनों स्टेशन पर जाएँगे। कहीं से थोड़ी देर के लिए हमने एक कार भी माँग ली थी।

सुबह का समय था। गाड़ी नौ बजे के लगभग आने को थी। हमने सोचा कि साढ़े आठ बजे घर से रवाना होंगे। हम आठ बजे के करीब बैठे चाय पी रहे थे कि घर में एक ताँगे के दाखिल होने की आवाज़ आई और साथ-ही-साथ एक नौकर ने आकर मुझे इत्तिला दी कि बाहर कोई साहब मुझे बुला रहे हैं। मैं बाहर निकला तो देखा-प्रेमचन्द जी।

लेकिन इससे पहले कि मैं कुछ कहूँ, प्रेमचन्द हँसते हुए बोले- "भाई! तुम्हारा घर बड़ी मुश्किल से मिला। बड़ी देर से इधर-उधर चक्कर लगा रहे हैं।"

इतने में रशीदा भी बाहर निकल आई और हम दोनों अपनी सफाई देने लगे। पता चला कि हमें ट्रेन के समय की सूचना गलत मिली थी। पहली अप्रैल से वक्त बदल गया। लेकिन अब उलटे प्रेमचन्द जी अपनी सफाई देने लगे-"हाँ, मुझे चाहिए था कि चलने से पहले तुम लोगों को तार भेज देता लेकिन मैंने सोचा, क्या जरूरत है। अगर स्टेशन पर कोई न मिला तो ताँगा लेकर सीधा तुम्हारे घर चला आऊँगा।"

और मैं दिल में सोच रहा था कि दूसरे सम्मेलनों के सभापतियों का बड़ा शानदार स्वागत किया जाता है, उन्हें प्लेटफार्म पर हार पहनाए जाते हैं, जुलूस निकलते हैं, जय-जयकार होती है। एक हमारे सभापति मुंशी प्रेमचन्द हैं कि खुद अपनी जेब से रेल का टिकट खरीद कर चुपके से आ गए हैं। स्टेशन पर स्वागत करने वाला तो क्या, राह बताने वाला भी उन्हें कोई न मिला। एक मामूली से ताँगे पर बैठकर खुद ही बड़ी बेतकल्लुफी से सम्मेलन के मुंतज़िमों के घर चले आए हैं और शिकायत करना तो दूर की बात है, उनके माथे पर एक बल नहीं पड़ा।"

मशक थोड़े ही बाँधे है

 यह संस्मरण मुंशी प्रेमचन्द के मज़ाकिया स्वभाव को प्रस्तुत करता है। लेखक बालकृष्ण शर्मा 'नवीन' के अनुसार-

"एक बार वे 'प्रताप' कार्यालय पधारे। मैं उन दिनों 'प्रताप' का संपादन करता था। मेरे एक उप-संपादक किंचित् विवादी मनोभावना के थे। बातचीत में हिन्दू-मुस्लिम प्रश्न उठ गया। मेरे उप-संपादक महाशय आवेश में आकर बोले–"इस सांप्रदायिकता को रोकने का दूसरा कोई उपाय नहीं है। हमें ईंट का जवाब पत्थर से देना होगा। तभी काम चलेगा।"

प्रेमचन्द जी मुस्कराते हुए सुनते रहे। जब उन महाशय की त्वेषमयी वाणी रुकी तो वे अत्यंत साधारण स्वर में बोले–"अरे भाई! इस समय मुसलमानों का मानस रोगयुक्त है। पागलों के साथ हम भी पागल बन जाएँ तो कैसे काम चलेगा?"

वे महाशय बल खाकर पूछ बैठे–"क्यों साहब! अगर पागल हमारे सामने पेशाब करने लगे तो हम क्या करें?"

प्रेमचन्दजी ने शांति से कहा–"ज़रा दूर हटकर खड़े हो जाओ।"

"और अगर वहाँ भी आकर वह यही हरकत करे तो?"

"ज़रा और दूर हट जाओ।"

मगर वह हज़रत थे हुज्जती, इतने पर भी न माने। बोले–"और जो वहाँ भी आकर वह यही हरकत करे?"

तब मुंशी जी ने कहा–"अमाँ यह कैसे हो सकता है, वह भलामानस कोई मशक थोड़े ही बाँधे है जो यहाँ-वहाँ सब जगह मूतता ही जाएगा।"

नहीं बचने का

▯ यह संस्मरण मुंशी जी के उन दिनों का है जब बीमारी के कारण वे बहुत कमज़ोर हो गए थे, चलना-फिरना भी मुश्किल हो गया था। 25 जुलाई, 1936, रात्रि ढाई बजे का समय। शिवरानी देवी के अनुसार–

"उन्हें नींद लाने के लिए मैं तलवे और सिर की मालिश करती थी। मैं रात को एक बजे उनका सर सहला रही थी।

तभी मुंशी जी ने कहा–"अब तुम सो रहो। कब तक बैठी रहोगी।"

–"मैं तो आपकी फिक्र में हूँ, और आप मेरी।"

–"तुम सो जाओगी तो मैं भी सो जाऊँगा।"

मैं उसी कमरे में एक तख्ते पर लेट गई। आप धीरे से उठे। पाखाने जाने लगे। पाखाने में बैठते ही आपको फिर कै आ गई। आवाज़ सुनकर दौड़ी गई। उस समय उनमें इतनी शिथिलता आ गई थी कि वे उठ-बैठ

भी नहीं पा रहे थे। फिर दुबारा कै का खून हम दोनों पर तैर गया। उस समय तक तीनों बच्चे भी जाग गए थे। मैं धुन्नू से बोली–"जाकर डॉक्टर को बुला लाओ।" आप बोले–"लड़के को इस वक्त मत परेशान करो। डॉक्टर ईश्वर नहीं। सुबह जाएगा। जाकर कलम, दवात और कागज लाओ। अब मैं नहीं बचने का। कम से कम कागज तो दो।"

मैं बोली–"क्या होगा?"

"तुमको बैठने का तो ठिकाना करता जाऊँ।"

मैं बोली–"घबराइए नहीं, आप अच्छे हो जाएँगे।"

बोले–"उठो, लाओ।"

मैं बोली–"अंदर चलिए।"

वे मेरे मुँह की तरफ देखकर रो पड़े।"

घर का बादशाह हूँ

□ शिवरानी देवी का एक अन्य संस्मरण जो मुंशी प्रेमचन्द के आत्म-सम्मान को प्रदर्शित करता है–

"जाड़े के दिन थे। स्कूल का इंस्पेक्टर मुआइना करने आया था। एक रोज़ तो इंस्पेक्टर के साथ रहकर आपने स्कूल दिखा दिया, दूसरे रोज़ लड़कों को गेंद खिलाना था। उस दिन आप नहीं गए। छुट्टी होने पर आप घर चले आए। आरामकुर्सी पर लेटे दरवाजे पर आप अखबार पढ़ रहे थे। सामने ही से इंस्पेक्टर अपनी मोटर पर जा रहा था। वह आशा करता था कि आप उठकर सलाम करेंगे लेकिन आप उठे भी नहीं। इस पर कुछ दूर जाने के बाद इंस्पेक्टर ने गाड़ी रोककर अपने अर्दली को भेजा। अर्दली जब आया तो आप गए।

"कहिए क्या है?"

इंस्पेक्टर–"तुम बड़े मगरूर हो। तुम्हारा अफसर दरवाजे से निकल जाता है, उठकर सलाम भी नहीं करते?"

"मैं जब स्कूल में जाता हूँ तब नौकर हूँ। बाद में मैं भी अपने घर का बादशाह हूँ।"

'मंत्र' की करामात

□ यह संस्मरण उस समय का है जब मुंशी प्रेमचन्द को दिल्ली में एक सभा द्वारा सम्मानित किया जाना था। ऋषभचरण के अनुसार–

"स्थानीय हिन्दी सभा की ओर से प्रेमचन्द के सम्मान में सभा की जा रही थी। उन्हें अभिनंदन-पत्र भेंट होने वाला था। उस वक्त एक पंजाबी सज्जन बड़े परेशान लग रहे थे। वह कभी सभा के मंत्री के पास जाते थे, कभी इनके या उनके पास जाते थे। प्रेमचन्द जी के पास जाने की शायद हिम्मत न होती थी। प्रेमचन्द जी को उसी रात दिल्ली से जाना था। सभा का काम जल्दी हो जाना चाहिए और वह जल्दी किया जा रहा था। प्रेमचन्द जी ने अपना वक्तव्य कहने में शायद दो मिनट लगाए। सभा की कार्यवाही समाप्तप्राय थी। तभी वे पंजाबी सज्जन उठे और सभा के सामने हाथ जोड़कर बोले–"मैं प्रेमचन्द जी को आज रात किसी हालत में नहीं जाने दूँगा। उनके साथ इस सारी सभा को मैं कल अपने यहाँ आमंत्रित करना चाहता हूँ।"

लोगों को बड़ा विचित्र लगा। सब तैयारी हो चुकी थी और प्रेमचन्द जी का इरादा निश्चित था। लेकिन वे सज्जन अपनी प्रार्थना से बाज़ न आए। उन्होंने हाथ जोड़कर कहा, "मेरी अरदास आप लोग सुन लीजिए फिर जो चाहे आप कीजिएगा। जब से अखबार में प्रेमचन्द जी के यहाँ आने की खबर पढ़ी, तभी से उनके ठहरने की जगह पाने की कोशिश करता रहा हूँ। वह जगह नहीं मिली। अब इस सभा में मैं उनको पा सका हूँ। मैं उनकी तलाश करता हुआ दर्शनों की इच्छा से लखनऊ दो बार गया, एक बार बनारस भी गया। तीनों बार वे न मिल सके। कई बरस पहले की बात है, मैं कमाने के ख्याल से पूरब की तरफ गया था पर भाग्य की बात कि मेरे पास जो कुछ था, सब खत्म हो गया। मैं घूमता-घामता स्टेशन पर आया। मुझे कुछ सूझता न था, आगे क्या होगा। सब अंधेरा मालूम होता था। जेब में दो रुपये और कुछ पैसे बचे थे। प्रेमचन्द जी के अफसानों को मैं शौक से पढ़ा करता था। यों ही टहलता हुआ व्हीलर की दुकान पर एक रिसाले के स्पेशल नम्बर के सफे लौटने-पलटने लगा। उसमें प्रेमचन्द जी का एक अफसाना नज़र आया। मैंने रुपया फेंक रिसाला खरीद लिया और प्रेमचन्द जी की उस 'मंत्र' कहानी को पढ़ गया। पढ़कर मेरे दिल की पस्ती जाती रही। हौसला खुल गया। मैं लौटकर आया और हार न मानने का इरादा कर लिया। तब से मेरी तरक्की ही होती गई है और आज यहाँ आपकी खिदमत में हूँ तभी से मैं उस 'मंत्र' कहानी के मंत्रदाता प्रेमचन्द ज़ी की तलाश में

हूँ। अब यहाँ पा गया हूँ तो किसी तरह छोड़ नहीं सकता। मेरी बीवी बीमार है, वह उठ-बैठ नहीं सकती। वह कब से प्रेमचन्द जी के दर्शन की आस बाँधे बैठी है।" और फिर हाथ जोड़कर उन्होंने कहा, "अब फैसला आप सब साहबान के हाथ है।"

मैं किस महाराजा से कम हूँ

▯ दिसंबर, 1934 में मद्रास (चेन्नई) में हिंदी प्रचार सभा के सम्मेलन में मुंशी प्रेमचन्द को आमंत्रित किया गया था। यह संस्मरण उसी समय का है। मुंशी प्रेमचन्द और उनके मित्र हिरण्मय मैसूर के राजभवन को देखने गए। राजभवन में जो हुआ, उसी के विषय में हिरण्मय ने लिखा है–

"एक दिन सवेरे मैं उन्हें राजमहल और वहाँ की चित्रकला दिखाने ले गया। उन दिनों राजमहल देखने जाने वालों को राजमहल द्वारा नियत दरबार-ड्रेस पहननी पड़ती थी। अचकन, ज़री का कमरबंद, मैसूर की खास अपने ढंग की पगड़ी। नीचे चाहे धोती पहनो चाहे पतलून, ऊपर के लिए यह पोशाक जरूरी थी और बाज़ार में किराये पर मिलती थी। औरतों के लिए पोशाक की कोई कैद नहीं थी। लिहाज़ा हमने तीन पोशाकें किराये पर लीं। प्रेमचन्द जी ने अचकन चढ़ाकर, कमरबंद कसकर, पगड़ी सिर पर रखकर फौरन पूछा–"क्यों भाई! यहाँ कहीं आईना नहीं है?"

मैंने करीब ही एक बड़े से आईने की तरफ इशारा कर दिया। प्रेमचन्द जी उसके सामने जाकर खड़े हुए और पग्गड़ के साथ अपना वह बेढब हुलिया देखते ही बरबस हँस पड़े, जोर से हँस पड़े और कभी इधर से कभी उधर से अपने को निहारकर अपनी उसी बच्चों-जैसी खुशी में नाचते हुए बोले–"अख्खाह, मैं किस महाराजा से कम हूँ।"

इस प्रकार, ये संस्मरण मुंशी प्रेमचन्द के उन रूपों को प्रदर्शित करते हैं जिनके विषय में वे स्वयं भी नहीं बता सकते थे बल्कि उनके सान्निध्य में रहे लोग, पारिवारिक सदस्य आदि ही सही रूप में व्यक्त कर सकते हैं।

संस्मरण ही व्यक्ति के सही रूप और व्यक्तित्व को प्रस्तुत करते हैं कि वह वस्तुत: क्या था? उसके विषय में लोग क्या सोचते थे?

●●●

अध्याय 15

छोटी-सी आशा

मुंशी प्रेमचन्द साधारण रहन-सहन वाले व्यक्ति थे। उन्हें जीवन में यह चाहत नहीं थी कि वे राजे, महाराजे की तरह रहें; उनके पास गाड़ी, बंगले आदि हों; नौकर-चाकर चारों ओर घूमें। वे तो अपनी साहित्य रचना में मस्त रहने वाले मज़ाकिया व्यक्ति थे। मुंशी प्रेमचन्द स्वयं क्या चाहते थे उसकी झलक उनके उस पत्र में मिलती है जो उन्होंने पं॰ बनारसी दास चतुर्वेदी को लिखा था–

"मेरी आकांक्षाएँ कुछ नहीं हैं। इस समय तो सबसे बड़ी आकांक्षा यही है कि हम स्वराज्य-संग्राम में विजयी हों। धन या यश की लालसा मुझे नहीं रही। खाने भर को मिल ही जाता है। मोटर और बंगले की मुझे हवस नहीं। हाँ, यह जरूर चाहता हूँ कि दो-चार ऊँची कोटि की पुस्तकें लिखूँ, पर उनका उद्देश्य भी स्वराज्य-विजय ही है। मुझे अपने दोनों लड़कों के विषय में कोई बड़ी लालसा नहीं है। यही चाहता हूँ कि वे ईमानदार, सच्चे और पक्के इरादे के हों। विलासी, धनी, खुशामदी संतान से मुझे घृणा है। मैं शांति से बैठना भी नहीं चाहता। साहित्य और स्वदेश के लिए कुछ-न-कुछ करते रहना चाहता हूँ। हाँ, रोटी, दाल, तोला भर घी और मामूली कपड़े मयस्सर होते रहें।"

कितनी सरलता से मुंशी प्रेमचन्द ने इस पत्र में अपने जीवन की आशा को प्रस्तुत कर दिया। मुंशी प्रेमचन्द ने साधारण तौर पर ही पूरा जीवन बिताया। उन्होंने अधिकतर तंगहाली का सामना किया।

मुंशी जी जब ट्यूशन से खर्च चलाते थे, तब उन्होंने एक कपड़े वाले से कुछ कपड़े उधार लिए जिनकी कीमत दो-ढाई रुपये हुई। लेकिन वे उसे चुकाने में असमर्थ रहे और तीन वर्ष पश्चात् उन दो-ढाई रुपयों का उधार चुका पाए। लेकिन इस साधारण रहन-सहन वाले व्यक्ति ने वे कालजयी रचनाएँ कीं, जो हर युग में समाज की जीवंत कथाएँ प्रतीत होती हैं। कहने का तात्पर्य है कि मुंशी जी का जीवन संघर्षमय रहा। वे जीवन भर कभी अपनी प्रेस के लिए, कहीं देश के लिए तो कभी परिवार के लिए; कभी कहीं, कभी कहीं रहकर संघर्षरत रहे। लेकिन ऐसा संघर्षमय जीवन जीते हुए भी उन्होंने साहित्य के क्षेत्र में अपनी जो अमिट छाप छोड़ी, वह विरले लोग ही कर पाते हैं।

●●●

अध्याय 16

प्रेमचन्द और टॉलस्टॉय

प्रत्येक व्यक्ति किसी-न-किसी को अपना आदर्श बनाता है जिसका प्रभाव उस पर पड़ता है, वह उसके अनुसार कार्य करना चाहता है। उसके कार्यों को वह अपने जीवन में ढालने का प्रयास करता है।

मुंशी प्रेमचन्द पर रूसी लेखक टॉलस्टॉय की रचनाओं का अच्छा-खासा प्रभाव पड़ा। मुंशी प्रेमचन्द ने टॉलस्टॉय की अनेक रचनाओं का गहन अध्ययन किया। साथ ही उनकी रचनाओं को भारतीय समाज के अनुसार परिवर्तित करके 'प्रेम प्रभाकर' नाम से एक पुस्तक भी प्रकाशित करवाई। प्रेम प्रभाकर में टॉलस्टॉय की अनेक रचनाओं को संगृहीत किया गया जिनमें से कुछ इस प्रकार हैं–

- The GoOksQon,
- Children may be wiser than their elders,
- The grain that was like an egg,
- How much land does a man require.

टॉलस्टॉय की ऐसी ही लगभग 23 कहानियों को मुंशी जी ने 'प्रेम प्रभाकर' में स्थान दिया और उन्हें अपने तरीके से प्रस्तुत किया। जिस प्रकार टॉलस्टॉय ने अपनी रचनाओं से रूस के लोगों को जागृत किया, उसी उद्देश्य को लेकर मुंशी प्रेमचन्द भी हिंदुस्तान के लोगों को जागृत करने के लिए रचनाएँ करने लगे। यही कारण है कि उनकी रचनाओं में समाज की सच्चाई छिपी होती है जो सीधे लोगों को गहराई तक प्रभावित करती है।

मुंशी प्रेमचन्द पर टॉलस्टॉय का अधिक प्रभुत्व रहा और यही कारण है कि वे 'भारत के टॉलस्टॉय' भी कहलाते हैं। मुंशी प्रेमचन्द का निम्न लेख यही संदेश देता है, जो किसानों से संबोधित है व उन्हें जागृत करने के लिए लिखा गया है–

"किसान इसलिए तबाह नहीं हैं कि वे साक्षर नहीं हैं, बल्कि इसलिए कि उन्हें जिन दशाओं में जीवन का निर्वाह करना पड़ता है, उनमें बड़े-से-बड़ा विद्वान भी सफल नहीं हो सकता। उनमें सबसे बड़ी कमी संगठन की है जिसके कारण ज़मींदार, साहूकार, अहलकार, सभी उन पर आतंक जमाते हैं। लेकिन अगर कोई उनमें संगठन करना चाहे, जिससे वे इन भेड़ियों के नख और पंजों से बचें, तो उस पर तुरंत राजद्रोह का और हिज़ मैजेस्टी की प्रजा में विद्वेष पैदा करने का इलज़ाम लग जाएगा और उसे जेल की हवा खानी पड़ेगी। किसान लाख साक्षर हो जाए, जब तक वह संगठित नहीं होता, जब तक उसे अपने अधिकारों का ज्ञान नहीं होता, जब तक वह इन समुदायों का मुकाबला नहीं कर सकता, उसका जीवन कभी सुखी न होगा। उसके पास चार पैसे देखकर ज़मींदार और अहलकार सभी की राल टपकने लगती है और एक-न-एक खुचड़ निकालकर उसकी कमर खाली कर दी जाती है।"

इस लेख में प्रेमचन्द ने स्पष्ट किया कि समाज में इन जैसे लोगों के आगे न बढ़ सकने का सबसे बड़ा कारण क्या रहा। किसानों की दयनीय दशा को लेकर ही उन्होंने 'पूस की रात' नामक कहानी का सृजन किया था। इसके अतिरिक्त मुंशी जी के अनेक लेख प्रकाशित हुए जो समाज के व्यक्तियों को जागृत करने के उद्देश्य से लिखे गए।

●●●

अध्याय 17

प्रेमचन्द की कुछ प्रसिद्ध कहानियाँ

मुंशी प्रेमचन्द ने कहानियों की रचना चालीस-पचास नहीं अपितु सैकड़ों में की है। उनकी प्रत्येक कहानी अपने-आप में कुछ-न-कुछ संदेश अवश्य छिपाए है। पहली कहानी उन्होंने वर्ष 1907 में लिखी जिसका नाम था–'दुनिया का सबसे अनमोल रत्न'। यह कहानी 'ज़माना' पत्र में प्रकाशित हुई थी। इस कहानी में उन्होंने दुनिया का सबसे अनमोल रत्न खून की उस बूँद को बताया था जो देश की आज़ादी के लिए काम आए। यह कहानी देशभक्ति की भावना का संदेश देती है।

इसके पश्चात् मुंशी जी की कलम से एक-से-एक बेहतरीन कहानियाँ निकलती गईं। इन कहानियों में समाज की वह तस्वीर प्रस्तुत की गई जो किसी अन्य लेखक की लेखनी से शायद ही उकर पाई है। मुंशी जी की सभी रचनाएँ कालजयी हैं। जब भी उन कहानियों को पढ़ा-सुना जाता है, वे यह आभास देती हैं कि उनके पात्र हमारे आस-पास ही, समाज में बिखरे पड़े हैं। 'क्रिकेट मैच' उनकी अंतिम कहानी थी जो उनके स्वर्गवास के बाद वर्ष 1937 में 'ज़माना' में प्रकाशित हुई। वैसे मुंशी प्रेमचन्द का एक लघु उपन्यास वर्ष 1903 के अक्टूबर से 'आवाज़-ए खल्क' नामक साप्ताहिक उर्दू पत्र में धारावाहिक प्रकाशित होना प्रारंभ हो गया था। उस उपन्यास का नाम 'असार-ए-मुआबिद' था।

जीवन में 8 अक्तूबर का महत्त्व

8 अक्तूबर (1903) को वे लेखक के रूप में अवतरित हुए और 8 अक्तूबर (1936) के ही दिन इस दुनिया से रुखसत हुए। यह बात

वास्तव में एक विचित्र संयोग रखती है कि उसी दिन एक लेखक के रूप में उनका जन्म हुआ और उसी दिन एक महान् लेखक के रूप में उनका अंत भी हुआ।

मुंशी प्रेमचन्द की कुछ लोकप्रिय कहानियों के सार पर आइए डालते हैं एक नज़र–

मंत्र

भावुकता से ओतप्रोत कर्तव्यबोध का स्मरण कराती एक कहानी:

शाम का समय है, डॉ॰ चड्ढा गोल्फ खेलने के लिए तैयार हो रहे हैं। तभी एक वृद्ध आता है। लेकिन डर के मारे अंदर नहीं आ पाता। डॉक्टर ने चिक में से कड़ककर पूछा, "कौन है?" बूढ़े ने कहा, "हुजूर, बहुत गरीब हूँ। मेरा लड़का बहुत दिनों से बीमार है।" वह और कुछ कहता उससे पहले डॉक्टर ने कहा, "कल सवेरे आना, जाओ।"

वृद्ध गिड़गिड़ाता है; घुटने टेककर विनती करता है लेकिन फिर भी डॉक्टर का दिल नहीं पसीजता। वह कहता है, "यह मेरे खेलने का समय है, कल आना।" उसकी एक नहीं सुनता और वहाँ से चला जाता है। वृद्ध अब अन्य किसी डॉक्टर के पास नहीं जाता, सीधा अपने घर चल देता है।

उसी रात्रि में उसका पुत्र संसार से विदा हो जाता है। यह उसका सातवाँ पुत्र था, छः पहले खत्म हो चुके थे। सातवाँ यह बचा था, वह भी जाता रहा। उसके जाते ही वृद्ध भगत के घर का दीपक बुझ गया।

धीरे-धीरे समय व्यतीत होता है। डॉक्टर चड्ढा का लड़का कैलास साँप पालने, नचाने का शौक रखता है। आज उसकी बीसवीं सालगिरह है। वह व्यस्त है। एक सुंदरी मृणालिनी उससे साँप दिखाने को कहती है। कुछ और लोग भी साँप दिखाने को कहते हैं। वह अपने पाले हुए साँप दिखाता है और कहता है कि मेरे जितने भी साँप हैं, मैंने उनके दाँत नहीं निकाले हैं। वह एक साँप को पकड़कर उसके जबड़े को दबाकर उसके दाँत सबको दिखाता है और जब पकड़ ढीली पड़ती है तो एकाएक वह साँप उसे काट लेता है।

अफरातफरी मच जाती है। कैलास एक जड़ी को पीसकर लगाता है लेकिन डॉ॰ चड्ढा उस स्थान को नश्तर से काटना चाहते हैं। अंततः कुछ नहीं होता। झाड़-फूँककर साँप का विष उतारने वाले को बुलाने की बात होती है।

एक व्यक्ति आकर बूढ़े भगत को सूचना देता है कि डॉ॰ चड्ढा के लड़के को साँप ने डस लिया है। बूढ़ा भगत खुश होता है कि अब पता चलेगा डॉक्टर को। सारी हेकड़ी निकल जाएगी। उस दिन मैं गिड़गिड़ाया था लेकिन वह सीधा निकल गया। मेरे लड़के को देखने भी नहीं आया। यही सोचते हुए भगत चिलम पीता रहा। लेकिन वह रात उसे बेचैन कर रही है। कभी वह सोता है, कभी बाहर घूमता है। बुढ़िया भी परेशान कि क्या हो रहा है। लेकिन भगत के दिल में उथल-पुथल थी कि क्या किया जाए। इतने जाड़े की रात में वह परेशान। उसके मन में प्रतिकार की भावना थी लेकिन कर्म उसके मन का गुलाम नहीं था और अंततः वह चल पड़ा डॉक्टर के लड़के का विष उतारने। आधे रास्ते जाकर फिर सोचता है, मैं क्यों आया इतनी सर्दी में? घर पर आराम से सोता। उसे वही दिन याद आ रहा था जब डॉक्टर ने उसके लड़के को नहीं देखा था। फिर चल पड़ा।

चलते-चलते डॉक्टर के बंगले पर पहुँचा। वहाँ मातम छाया हुआ था। आवाज़ दी तो डॉक्टर चड्ढा ने सोचा, कोई मरीज है और नम्रता से कहा, "भाई! अब तो लगता है, मैं एक माह तक किसी को नहीं देख पाऊँगा।" भगत ने सबकुछ बताया। डॉक्टर तो बहुतों से झड़वा चुके थे लेकिन कुछ नहीं हुआ। तब कुछ सोचकर भगत को अपने बेटे के पास ले गए।

भगत कुछ देर देखकर बोला, "कुछ नहीं हुआ। अभी भइया उठ बैठेगा।" फिर वह अपने हुनर का करिश्मा दिखाता है और मंत्र पढ़ता हुआ एक जड़ी उसे सुँघाता है। सुबह तक मंत्रोच्चार के बाद वह ठीक हो जाता है। सभी खुश हो जाते हैं। खुशी में झूम उठते हैं। भगत चुपचाप निकल जाता है कि जल्दी घर पहुँचे, बुढ़िया सोकर उठे उससे पहले। डॉक्टर भी उसे ढूँढ़ता है लेकिन वह नहीं मिलता। डॉक्टर अपनी पत्नी से कहता है कि मैंने उसे पहचान लिया है। वह एक दिन एक मरीज को लाया था। मैं खेलने जा रहा था और उसे देखा नहीं था। आज मुझे अपने किए पर बहुत ग्लानि हो रही है। मैं उसे ढूँढ़कर उसके पैरों पर गिरकर माफी माँगूँगा। उसकी सज्जनता ने मुझे एक आदर्श दिखा दिया है।

इस प्रकार इस कहानी में ठोकर खाने के बाद डॉक्टर चड्ढा को अपने कर्तव्य का बोध होता है। लेकिन बूढ़े भगत ने अपने कर्तव्य को नहीं छोड़ा और अपने कर्म को अपने मन के अधीन नहीं किया। 'मंत्र' प्रेमचन्द की बेहतरीन कहानियों में से एक है।

कफ़न

मुंशी प्रेमचन्द की यह कहानी वर्ष 1936 में 'जामिया' नामक पत्र में प्रकाशित हुई थी। यह कहानी कामचोर बाप-बेटे की है। एक दिन लड़के की पत्नी प्रसव-पीड़ा से मर जाती है। वे कंगाल तो थे ही, तब कफ़न के लिए पैसा माँगने निकलते हैं–

माधव और घीसू–पुत्र व पिता बहुत ही कामचोर हैं। इतने कामचोर कि यदि घीसू एक दिन काम करता है तो तीन-चार दिन आराम। माधव अगर एक घंटा काम करता है तो दो-चार घंटे आराम से बैठकर चिलम पीता है। घर में सामान के नाम पर दो-चार मिट्टी के बर्तन हैं। चारों तरफ से कर्ज़ में दबे हुए थे। दूसरों के खेतों से कभी आलू, कभी मटर चुरा लाते थे तो कभी-कभी पिटते भी थे। इसी प्रकार कभी कुछ कभी कुछ खेतों से उखाड़ लेते।

एक दिन प्रसव-पीड़ा होने पर माधव की पत्नी दर्द से कराहती है। रात का समय है लेकिन घीसू और माधव झोपड़ी के बाहर अलाव जलाकर आलू भून रहे हैं और उससे बेफिक्र हैं। वह कराहती है तो घीसू पुत्र से कहता है, "जाकर देख तो उसका क्या हाल है।" यह सुनकर माधव सोचता है कि अगर मैं अंदर गया तो घीसू न जाने कितने आलू खा जाए। वह कहता है, "मुझे डर लगता है।" और वह बहानेबाजी करने लगता है। घीसू कहता है, "वह मेरी बहू है मुझे वहाँ जाते शर्म आएगी।"

इस प्रकार वे इधर-उधर की बहस में लगे रहते हैं। फिर आगे की बात सोचते हैं कि अगर बच्चा हुआ तो लड्डू के लिए तेल, गुड़, मेवा आदि कैसे आएँगे। फिर एक बोला, हो जाएगा। आज जो लोग पैसा नहीं देते हैं, देखना, कल ही वे लोग हमें बुलाकर पैसा देंगे। आलू भुन गए थे। वे गर्म-गर्म जल्दी-जल्दी खाने लगे कि कोई ज्यादा न खा ले। गर्म-गर्म से आँसू भी निकले, लेकिन सब्र किसको।

आलू खाते हुए घीसू उस दिन को याद करता है जब वे ठाकुर के यहाँ बारात में खाने गए थे। वहाँ के खाने की याद करके वे पकवानों में खो जाते हैं कि क्या-क्या माल उड़ाया था। दोनों कहते हैं कि तूने इतनी पूरियाँ खाई थी, तूने इतनी। वहाँ माधव की पत्नी कराह रही थी। ये दोनों अपनी कहानी में उलझे आलू खाकर अपनी-अपनी फटी धोतियाँ ओढ़कर पैर सिकोड़कर सो जाते हैं।

सुबह माधव देखता है कि उसकी पत्नी मर चुकी है। वह अपने बापू को बताता है। दोनों दहाड़ें मारकर रोने लगते हैं। पड़ोसी आकर धीरज बँधाते हैं। लेकिन कफ़न का इंतज़ाम कैसे हो, ये दोनों तो कंगले थे।

दोनों रोते-पीटते ज़मींदार के पास पहुँचते हैं और दु:खड़ा सुनाते हुए कहते हैं, "हमने उसकी खूब सेवा की। रात भर उसके पास बैठे रहे, दवा-दारू की लेकिन फिर भी वह....।"

ज़मींदार सहृदय, दयालु था। लेकिन घीसू को वह अच्छी तरह जानता था कि यह कैसा गिरगिट है। ज़मींदार को क्रोध आया लेकिन यह दूसरा ही अवसर था। उसने दो रुपये जेब से निकालकर घीसू के सामने फेंक दिए। बस घीसू की तो चाँदी हो गई। सबको बताया कि ज़मींदार ने दो रुपये दिए। जब ज़मींदार साहब ने दिए तो और कोई पीछे कैसे हटता। बस कहीं से अनाज, कहीं से लकड़ियाँ आदि इकठ्ठी हुईं। लोग तैयारी करने लगे अर्थी की और माधव व घीसू चले कफ़न लेने।

दोनों ने सोचा कि लकड़ी तो हो जाएगी। कफ़न हल्का-सा ले लेते हैं। रात में कौन देखता है। न जाने यह कैसा रिवाज़ है। जीते-जागते के शरीर पर कपड़े नहीं, लेकिन मरने पर नया कफ़न, और कफ़न तो लाश के साथ जल जाता है। अगर ये पैसे पहले मिल जाते तो कुछ दवा-दारू कर लेते। यह सोचते दोनों चले जा रहे थे।

बहुत-से कफ़न देखे—सूती, रेशमी; लेकिन जँचे नहीं। तब चलते-चलते एक मधुशाला के पास पहुँचे। इस प्रकार जैसे पहले से ही यह निश्चित था कि वहाँ चलना है। बस ललचाते हुए घुस गए और बोतल खरीद ली। मछली, नमकीन आदि उड़ाने लगे। बाद में सोचा कि गाँववालों को क्या कहेंगे तो घीसू बोला, "अबे, कह देंगे कि पैसे गिर गए।"

मधुशाला के सामने दुकान पर सब उड़ाया और डेढ़ रुपए खर्च कर डाले। बिना किसी चिंता के दोनों मस्त थे। घीसू ने कहा—"इस खाने से हमारी आत्मा को शांति मिल रही है। इसका पुण्य उसे जरूर मिलेगा। हे भगवान! तू उसे वैकुंठ में जगह देना।"

फिर अचानक माधव बोला—"हम भी तो एक दिन वहाँ जाएँगे।"

यह सुनकर घीसू चुप रहा क्योंकि वह उसके विषय में सोचकर अभी मिल रही खुशी को नहीं गँवाना चाहता था।

इस प्रकार खा-पीकर बचा खाना एक भिखारी को दे दिया।

उन्होंने किसी को कुछ देने का आनंद भी जीवन में पहली बार प्राप्त किया था। इसलिए कहा–"जा, खा ले और जिसकी वजह से यह खाना मिला, उसे खूब दुआएँ दे।"

माधव फिर बोला–"वैकुंठ में जाएगी सीधी।"

घीसू सुनकर कहता है–"हाँ भई जरूर जाएगी। मरते-मरते वह हमारी लालसा पूर्ण कर गई। वैकुंठ में वही जाएगी। जो मोटे पैसे वाले लोगों को लूटते हैं, तड़पाते हैं और पाप गंगा में धोकर गंगा को गंदा करते हैं तो क्या वे लोग वैकुंठ जाएँगे।" अचानक माधव उसके बारे में सोचकर रोने लगता है। घीसू उसे समझाता है। फिर दोनों नशे में झूमते-गाते मटकते वहीं बेसुध होकर गिर पड़ते हैं।

इस प्रकार उन्होंने इन दोनों पात्रों के माध्यम से समाज के ऐसे व्यक्तियों को प्रस्तुत किया है जो कामचोर और आलसी हैं। साथ ही इन दोनों के माध्यम से यह भी कहलवाया है कि कैसा रिवाज है कि जीते जी मनुष्य चीथड़ों में लिपटा रहता है लेकिन मरने पर उसे नया कफ़न चाहिए अर्थात् रीति-रिवाज पर व्यंग्य कसा है। दोनों ये दुआएँ भी देते हैं कि वह (माधव की पत्नी) मरते-मरते उनके जीवन की सबसे बड़ी इच्छा पूरी कर गई कि हमने भरपेट खाया, अच्छा खाया। इसके माध्यम से मुंशी जी ने उस समय के गरीब तबकों की स्थिति को भी दर्शाया है कि वे किस स्थिति में थे।

बेटी का धन

मुंशी प्रेमचन्द की यह कहानी वर्ष 1915 के नवम्बर माह में 'ज़माना' नामक पत्र में प्रकाशित हुई थी–

बेतवा नदी के पास एक छोटे-से गाँव में सुक्खू चौधरी नामक केवट रहता है। उसके तीन लड़के हैं जिनकी बहुएँ हैं। पौत्र-पौत्रियों भी हैं। साथ ही एक लड़की है जिसका विवाह होना है। उसका नाम गंगाजली है और वह सबसे छोटी है। सुक्खी की पत्नी बहुत पहले मर चुकी है। गाँव में सुक्खी का मान अन्य लोगों की अपेक्षा बहुत है। उसी गाँव में झगड़ू साहू भी रहते हैं जो सुक्खू चौधरी की इज़्ज़त से जलते हैं और यह मौका ढूँढ़ते रहते हैं कि कब उन्हें अपनी रईसी का रौब सुक्खू चौधरी पर जमाने को मिले। गाँव के ज़मींदार ठाकुर जीतनसिंह गाँव वालों

से बेगारी लेते रहते हैं जिससे गाँव वाले उनसे परेशान हैं और सब उनसे छुटकारा पाना चाहते हैं।

एक दिन बेतवा के किनारे बसा यह गाँव, जोकि भग्न जातीय पुरातन चिह्नों के कारण प्रसिद्ध था, मजिस्ट्रेट इसका अवलोकन करने पधारे। चौधरी ने उनसे चुपचाप ज़मींदार की शिकायत कर दी। इसका फायदा उठाकर झगड़ू साहू ने ज़मींदार के कान भर दिए। ठाकुर जीतन सिंह क्रोध से भर गया। सुक्खी चौधरी, जिसे गाँव वालों ने भड़काया था कि ज़मींदार की शिकायत कर दो, उस पर ठाकुर ने बकाया लगान चुकाने का फरमान जारी कर दिया।

गाँव वाले आग लगाकर दूर हट गए। बेचारा सुक्खू फँस गया। उसे अपनी पुत्री गंगाजली का विवाह करना है। साथ ही छोटी बहू की माँग भी पूरी करनी थी। कचहरी में मुकद्दमा हुआ। कचहरी दूर थी; वृद्ध सुक्खू की पहुँच से दूर, आने-जानें में परेशानी। अतः मुकदमे का फैसला एक तरफा करके चौधरी की कुर्की का आदेश मिल गया।

सुक्खू चौधरी खाट पर पड़ा-पड़ा मंथन करने लगा कि यह घर—पूर्वजों की निशानी—हाथ से चली जाएगी क्या? वह कुलदेवों का गुण गाता गहरी चिंता में था। यह और बात थी कि उसकी बहुओं के पास गहने आदि थे, वह कैसे माँगता? स्वाभिमानी जो था, लेकिन उसके पुत्र तो उसका साथ दे सकते थे लेकिन नहीं। इसी उधेड़बुन में वह तीन दिनों से भूखा-प्यासा था। उसके लड़के, बहुएँ तो खाने-पीने में मस्त थे, लेकिन उसे कौन पूछे। बस, उसकी पुत्री गंगाजली ही उसकी भाँति भूखी-प्यासी थी। केवल वही उसके ग़म में शरीक थी। चौधरी—कृष्णमुरारी से विनती कर रहा था। उसकी पुत्री ने आकर घर को बचाने की बात छेड़ी और कहा कि एक उपाय है घर को बचाने का। मेरे जो गहने हैं उन्हें झगड़ू साहू के यहाँ गिरवी रख दो। बाद में उठा लेना। चौधरी उसे वेद-शास्त्र की बातें समझाता है और कहता है कि बेटी के यहाँ का कुछ भी ग्रहण करना पाप है। फिर मैं कैसे लूँ। लेकिन अंत में वह गंगाजली की बात मान लेता है और गहनों को कपड़े में लपेटकर चल देता है गिरवी रखने।

वह ऐसे जाता है जैसे पाप का बोझ लिए जा रहा हो। वह सोच रहा था कि बहुओं के पास इतने गहने थे, उसके लड़के चाहते तो दे

सकते थे। लेकिन अब इस बेटी के धन को गिरवी रखना पड़ रहा है। वह झगड़ू साहू के पास पहुँचता है। चौधरी–झगड़ू साहू को सब बातें बताता है। झगड़ू साहू भी अंजान न था। वह जीतन सिंह को क्रोधित नहीं करना चाहता था और दूसरी तरफ चौधरी से भी मिला रहना चाहता था। झगड़ू साहू ने बहुओं और लड़कों की बात कहकर चौधरी को ताना मारा लेकिन चौधरी ने भी सबकुछ बता दिया कि लड़के बहू सब अपने में मस्त हैं।

अंततः चौधरी ने कहा कि मेरे पास और कोई चारा न था इसलिए यह अधर्म करना पड़ रहा है और वह गहने पोटली में से खोलकर उसे देता है और कहता है, "शास्त्रों में बेटी के यहाँ का वृक्ष भी देखना निषेध है, लेकिन...।"

झगड़ू साहू पक्का बनिया था, दमड़ी तक नहीं छोड़ता था। लेकिन वह भी बेटी का धन कैसे लेता, यह विचार कर वह सोचता है कि यह समय की मार का मारा हुआ है। इसलिए अधर्म की राह पर है लेकिन हमारा भी कर्तव्य है कि धर्म की रक्षा करें। बस, वह सुक्खू चौधरी से कहता है, "तेरी बेटी जैसे तेरी है, वैसे ही मेरी भी है। अतः ये गहने वापस ले जाओ।" साथ ही रुपए देते हुए कहता है, "जब सहूलियत हो जाए, वापस कर देना।"

सुक्खू चौधरी सोचता है कि झगड़ू साहू पूरे गाँव में इधर की उधर के लिए बदनाम है और इसने धर्म की रक्षा के लिए यह सब किया। वह कृष्ण भगवान् को धन्यवाद देता हुआ वापस अपने घर की ओर बढ़ चल देता है।

इस कहानी का भाव यह है कि यदि कोई विपत्ति या किसी अन्य कारण से अधर्म के मार्ग पर है तो हम चाहे जैसे भी हों, धर्म की रक्षा के लिए तत्पर रहें। झगड़ू साहू के माध्यम से यही संदेश प्रस्तुत किया गया है।

ईदगाह

मुंशी प्रेमचन्द की यह कहानी वर्ष 1933 के अगस्त माह में 'चाँद' नामक पत्र में प्रकाशित हुई थी। इस कहानी का सार–

रमज़ान माह समाप्त होने के पश्चात् ईद का अवसर है। सभी लोग ईदगाह जाने की तैयारी में हैं। हामिद भी बड़ी प्रसन्नता से ईदगाह जाने की तैयारी में है। हामिद दुबला-पतला बालक है जिसके माँ-बाप की मृत्यु हो चुकी है। वह बूढ़ी दादी अमीना के साथ रहता है। सभी लोग

नए-नए कपड़े, जूते पहने हैं। लेकिन हामिद के पास एक पुरानी टोपी है, पाँव में जूते नहीं हैं। फिर भी वह खुश है। लेकिन हामिद की दादी अमीना यह सोचकर दुःखी है कि घर में खाने को दाना नहीं है और ऊपर से यह ईद आ गई। सभी बच्चे अपने माता-पिता आदि के साथ जा रहे हैं और हामिद बेचारे को अकेले मेले में कैसे जाने दूँ। इतनी भीड़-भाड़ होगी, क्या होगा? और पैसे भी इतने कम हैं, पाँच पैसे अमीना के पास और तीन पैसे हामिद के पास। बस, यही जमा-पूँजी है।

हामिद मेले जाते हुए दादी से कहता है, "घबराओ मत, मैं और लोगों से जल्दी वापस आ जाऊँगा।" अन्य बच्चों के साथ वह भी जल्दी-जल्दी मेला देखने चल देता है। रुकते, चलते, दुकानें देखते सभी चलते जाते हैं। सभी ईदगाह पहुँचकर नमाज़ पढ़ते हैं। एक-दूसरे को ईद की बधाई देते हैं; गले मिलते हैं।

बाद में मेले में लगी दुकानों, झूलों आदि पर बच्चे धावा बोलते हैं। हामिद के साथी नूरा, महमूद आदि घोड़े पर बैठने का मजा लेते हैं। खिलौने सजे हैं—राजा, वकील, गुड़ियाँ, लकड़ी के हाथी आदि। कोई कुछ लेता है, कोई कुछ। खिलौने दो-दो पैसे के मिल रहे हैं। हामिद की जेब में तो केवल तीन पैसे हैं और खिलौने इतने महँगे, कैसे खरीदे। और फिर खिलौने मिट्टी के हैं, टूटकर गिरे और पैसे व्यर्थ।

तत्पश्चात् मिठाइयाँ; बच्चे मिठाई खा रहे हैं लेकिन हामिद दूर खड़ा हसरत भरी निगाहों से सबको देखता है। फिर वे लोग घूमते हुए आगे बढ़ते हैं। आगे लोहार की एक दुकान है। हामिद वहाँ खड़ा हो जाता है बाकी बच्चे आगे निकलकर दूसरी दुकानों को देखते हैं। हामिद की नज़र दुकान में रखे चिमटे पर पड़ती है। वह सोचता है, 'दादी रोटी बनाती है, तवे से रोटियाँ उतारते समय उसके हाथ जल जाते हैं। अगर मैं यह चिमटा खरीद लूँगा तो उसके हाथ नहीं जलेंगे। चिमटा देखकर दादी कितनी खुश होगी।'

इस प्रकार सोचकर वह चिमटे की कीमत पूछता है। दुकानदार छः पैसे बताता है। हामिद सहमकर धीरे से कहता है, 'तीन पैसे लोगे।' और आगे बढ़ने लगता है। कुछ सोचकर दुकानदान उसे तीन पैसे में वह चिमटा दे देता है। वह चिमटा लेकर दोस्तों के पास जाता है। सभी उसका मज़ाक उड़ाते हैं। वह चिमटे को जमीन पर पटक कर कहता है, "क्या

तुम अपने खिलौनों को ऐसे पटक सकते हो?" सब चुप। सभी कहते हैं, "हामिद! इसलिए तुमने अपने पैसे बचा रखे थे।" सब लोग चिमटे के दीवाने हो जाते हैं। उसे अपने-अपने खिलौनों से बदलने को कहते हैं, लेकिन नहीं। फिर चिमटा छूकर देखने की बात होती है। हामिद इस पर राजी हो जाता है। वह सबको चिमटा देखने को देता है और सभी उसे अपना-अपना खिलौना दिखाते हैं।

घर लौटने पर दादी हामिद को गोद में भरकर प्यार करती है, दुलारती है और अचानक चिमटा देखकर चौंक जाती है–"यह क्या? क्या ले आया ये? कहाँ से ले आया।" हामिद कहता है–"मोल लाया हूँ। तीन पैसे का।" सुनकर अमीना सिर पीट लेती है, "जेब में तीन पैसे ही थे, उसका यह चिमटा उठा लाया। दिन भर कुछ खाया पीया नहीं। पूरे मेले में तुझे और कुछ नहीं मिला?"

हामिद धीरे से कहता है–"तवे से रोटी उतारते समय तुम्हारी उँगलियाँ जल जाती हैं। इसलिए मैं यह चिमटा लाया हूँ।" अमीना की आँखें भर आती हैं और वह हामिद को गले से लगा लेती है।

इस कहानी में प्रेमचन्द ने मानवीय संवेदनाओं का बहुत ही मार्मिक चित्रण प्रस्तुत किया है। खिलौने, मिठाइयाँ आदि देखकर भी हामिद का मन विचलित नहीं होता और उसे अपनी अम्मा की उँगलियों का ध्यान रहता है जो रोटियाँ बनाते समय जल जाती थीं। बस, चिपटा खरीद लेता है।

बूढ़ी काकी

मुंशी प्रेमचन्द की यह कहानी वर्ष 1921 में 'हंस' में प्रकाशित हुई थी। यह कहानी भावुकता से ओतप्रोत है। साथ ही वृद्धावस्था की स्थिति को स्पष्ट करती है जब व्यक्ति की किसी को परवाह नहीं होती और वह क्या-क्या इच्छाएँ रखता है। इस कहानी का सार इस प्रकार है–

बूढ़ी काकी के पति को स्वर्ग सिधारे ज़माना गुज़र गया। उसके बेटे भी पूर्व में ही चल बसे थे। बस, एक भतीजा है–बुद्धिराम और उसकी पत्नी रूपा। उसके तीन बच्चे हैं–दो लड़के और एक लड़की–लाड़ली। बुद्धिराम ने बूढ़ी काकी की सम्पत्ति को अपने नाम करवाते हुए उसे लम्बे-चौड़े सब्ज़बाग दिखाए थे लेकिन अब नक्शा ही कुछ और था। वैसे बुद्धिराम

दुष्ट नहीं था, उसकी पत्नी रूपा स्वभाव की तीखी थी। लेकिन भगवान् का डर उसे भी था। उनके दोनों लड़के भी कभी-कभी अपने माता-पिता को बूढ़ी काकी से खीझते हुए देख उनका अनुसरण कर लेते थे लेकिन बस लाड़ली ही थी जो बूढ़ी काकी से प्रेम करती थी और जो कुछ उसे मिलता वह उसे बूढ़ी काकी के साथ मिल-बाँट कर खाती थी।

आज बुद्धिराम के लड़के मुखराम के तिलक का अवसर है। घर में खुशियाँ छाई हुई हैं। शहनाई बज रही है। लोग झूम रहे हैं, गा रहे हैं। पकवान बन रहे हैं– पूरियाँ, कचौरियाँ, महक-मसालेदार सब्जियाँ बन रही हैं। व्यंजनों की महक फैल रही थी। बूढ़ी काकी अपनी कोठरी में बैठी इस महक से बेचैन थी कि क्या करे क्या न करे, लोग खाकर जा रहे थे। देर होने पर बूढ़ी काकी अधिक बेचैन हो गई कि अभी तक कोई उसका खाना क्यों नहीं लाया, क्या बात है? अब तो सब लोग जा चुके होंगे। वह सोच रही थी कि अभी तक तो रोटियाँ नसीब नहीं थी, आज तो पूरियों, कचौरियों का मज़ा आ जाएगा। बच्चे भी कहीं नहीं दिख रहे, क्या करूँ, किसे बुलाऊँ।

आखिर उसे सब्र नहीं हुआ, वह बेचैन हो गई और सोचने लगी कि कितनी मुलायम, नरम, करारी पूरियाँ होंगी। अब तो नहीं रहा जाता। यह सोचकर वह रेंगती हुई वहाँ पहुँच गई जहाँ पूरियाँ निकल रही थीं। रूपा को काम से फुर्सत नहीं थी–वह मेहमानों को सँभालने में लगी थी। इधर-से-उधर, उधर-से-इधर। काम से उसका बुरा हाल था। अचानक उसकी नज़र बूढ़ी काकी पर पड़ती है तो उसका क्रोध सातवें आसमान पर पहुँच जाता है। वह सबके सामने काकी को बुरा-भला कहती है– "ऐसी भूखी मर रही है, यहाँ आकर बैठ गई। सब देखेंगे तो सोचेंगे कि खाना नहीं मिलता होगा। अभी सब खा लेंगे तब मिलेगा। जाकर अपनी कोठरी में आराम करो।"

सुनकर बूढ़ी काकी चुपचाप रेंगती हुई अपनी कोठरी में चली जाती है। खाना बनता है, मेहमान खाते हैं, चले जाते हैं। खाने की महक बूढ़ी काकी के एक-एक पल को एक-एक युग जितनी लम्बा कर रही थी। वह बैठी-बैठी विचार करती है कि पहले यह खाऊँगी, फिर वह खाऊँगी। मज़ा आ जाएगा। वह रुक न सकी, फिर आई लेकिन अभी मेहमान भोजन कर रहे थे। उनकी नज़र बूढ़ी काकी पर पड़ी तो कहने लगे, "अरे, इस बुढ़िया को भगाओ, कहाँ से आ गई यह।"

बुद्धिराम ने यह देखा तो निष्ठुरता से उसे घसीटकर वापस कोठरी में ला पटका। इस प्रकार वह वापस ख्यालों में आ गई। बस, उसका ख्याल था तो लाड़ली को। यह सब उसे अच्छा नहीं लग रहा था। लेकिन डर के मारे कुछ करने में असमर्थ थी। अंतत सभी खाना खाकर चले गए। लेकिन बूढ़ी काकी की किस्मत में प्रतीक्षा ही लिखी रही।

रात्रि हो गई और सब कार्यक्रम समाप्त हुआ; सब सो गए तब न तो बूढ़ी काकी को चैन न लाड़ली को। लाड़ली धैर्य व साहस से बूढ़ी काकी के पास पहुँची और पूड़ियाँ खाने को दीं। बूढ़ी काकी ने कहा, "माँ ने दीं।" वह बोली, "नहीं, ये तो मैंने अपने हिस्से की बचा रखी हैं।"

बूढ़ी काकी तुरंत उड़ा गई। लेकिन इन थोड़ी-सी पूरियों ने उसकी भूख और तेज़ कर दी। लाड़ली भय के मारे और पूरियाँ नहीं ला सकती थी। कोई उपाय न देखकर काकी लाड़ली से बोली, "तुम मुझे वहाँ ले चलो, जहाँ जूठे पत्तल पड़े हैं।"

लाड़ली वहाँ ले जाती है। बूढ़ी काकी जूठी पत्तलों में से बचे-खुचे टुकड़े उठाकर खाती और सोचती, 'अहा! कचौड़ी क्या स्वादिष्ट है, कितनी नरम है।' और खाती जाती।

अचानक रूपा जागती है और लाड़ली को न पाकर ढूँढ़ती है। लाड़ली खड़ी-खड़ी बूढ़ी काकी को देख रही थी जो कि जूठी पत्तलों से खाना उठा-उठाकर खा रही थी। यह देखकर रूपा चौंक उठती है। अपने पाप को यादकर सन्न रह जाती है और सोचती है, 'जिसकी सम्पत्ति पर हम इतना उचक रहे हैं, खुशी मना रहे हैं, लोगों को खाना खिलाने में इतना खर्च कर रहे हैं, यह सब इन्हीं का है और ये ऐसे जूठा खाना बीन-बीनकर खा रही हैं।' वह अपनी गलती के लिए बहुत दु:खी होती है और भगवान् से दंड न देने की प्रार्थना करती है। अपनी भूल पर ग्लानि करती है और तुरंत दीया जलाकर एक थाली में भोजन लगाकर लाती है और बूढ़ी काकी से क्षमा माँगकर उसे भोजन करने को कहती है। बूढ़ी काकी उसे देखती है और सबकुछ भूलकर खाना खाने लगती है।

बड़े घर की बेटी

मुंशी प्रेमचन्द की यह कहानी वर्ष 1910 के दिसम्बर माह में 'ज़माना' नामक पत्र में प्रकाशित हुई थी। यह कहानी संक्षेप में इस प्रकार है–

गौरीपुर गाँव के ठाकुर बेनी माधव सिंह के दादा-परदादा के ज़माने में उनका अच्छा प्रभाव था; धन-धान्य भरपूर था। लेकिन अब ठाकुर बेनी माधव की कमाई एक हज़ार रुपये मात्र है, वह भी वार्षिक। इनके दो लड़के हैं–श्रीकंठ बड़ा और लाल बिहारी सिंह छोटा। श्रीकंठ सिंह बी॰ए॰ के बाद सरकारी नौकरी पा गया। जहाँ लाल बिहारी सिंह तंदुरुस्त था, वहीं श्रीकंठ पतला-दुबला। श्रीकंठ का झुकाव पाश्चात्य सामाजिक प्रथाओं की ओर था। सबके साथ रहना पसंद करता था। रामलीला के आयोजनों में भागीदारी करता था। उसका विवाह आनंदी नामक लड़की से हुआ। वह बहुत समझदार व गृहकार्य में दक्ष थी।

एक दिन की बात है, लाल बिहारी खाना खाने बैठा तो उसे अपने खाने में घी कुछ कम लगा। बस, उनका विवाद अपनी भाभी से हो गया और उसने आनंदी के घर (मैके) का ताना मार दिया। आनंदी ने भी उसी के अनुसार जवाब दे दिया तो लाल बिहारी ने अपने पैर की जूती आनंदी पर मारने के उद्देश्य से फेंकी। आनंदी ने उसे हाथ से रोक लिया लेकिन उसकी उँगली में चोट लग गई।

संध्या के समय लाल बिहारी ने श्रीकंठ से आनंदी की शिकायत की। श्रीकंठ ने आनंदी से पूछा, "क्या हाय-तौबा मचा रखी है?" आनंदी ने भी सारा विवरण बताया। जूती फेंककर मारने वाली बात श्रीकंठ को भी नहीं भाई।

प्रातः श्रीकंठ ने पिता से कहा, "अब यहाँ साथ रहना मुश्किल है।" बस दोनों में बहस हो गई। लेकिन श्रीकंठ अपनी बात पर अड़ा रहा कि अब लाल बिहारी के साथ न रह सकूँगा।

सभी बातें लाल बिहारी ने भी सुन लीं। यूँ तो लाल बिहारी ने यह सब किया, लेकिन दूसरी ओर बड़े भाई के सामने वह बैठ भी नहीं सकता था। वह श्रीकंठ का बड़ा आदर-सम्मान करता था। वह असमंजस में पड़ गया कि 'यह क्या हो गया। मैंने यह क्या कर दिया। मेरे कारण मेरे बड़े भाई घर छोड़कर जाएँगे। मेरे साथ नहीं रहेंगे।' यह सोचकर वह रोने लगा कि अब क्या करूँ। फिर कुछ विचारकर भाभी के पास आकर बोला–"भाभी! मेरे कारण भइया घर छोड़ने की बात कह रहे हैं। वे मेरे साथ नहीं रहना चाहते। अतः मैं यह घर छोड़कर

ज़ा रहा हूँ और अब कभी नहीं आऊँगा। मैंने जो गलती की उसके लिए मुझे क्षमा करना।"

आनंदी यह सुनकर सन्न रह गई। इतने में श्रीकंठ वहाँ आया लेकिन उसने लाल बिहारी की अनदेखी कर दी। आनंदी व्यथित थी कि 'अब यह घर टूट जाएगा। मैंने यह क्या कर दिया। मैंने लाल बिहारी की शिकायत क्यों की।' यह सब विचार उसके मन में घुमड़ने लगे। उसने निश्चय किया कि 'मैं इस घर को टूटने नहीं दूँगी।'

लाल बिहारी जाने लगता है तो वह श्रीकंठ से प्रार्थना करती है कि उसे रोकें। लेकिन श्रीकंठ अपनी बात पर अड़ा रहता है। यह देखकर आनंदी दौड़कर लाल बिहारी का हाथ पकड़ लेती है और उसे सौगंध देती है कि वह कहीं नहीं जाएगा। अंतत: आनंदी के आग्रह व सौगंध देने पर वह रुक जाता है। यह सब देखकर श्रीकंठ कुछ नरम पड़ता है। बस फिर भ्रातृ-प्रेम उमड़ता है। श्रीकंठ अपने अनुज को गले लगा लेता है और दोनों के आँसू निकल आते हैं। इतने में ठाकुर बेनी माधव भी वहाँ आ जाते हैं। वे यह दृश्य देखते हैं तो बहुत प्रसन्न होते हैं और खुशी से कहते हैं, "बड़े घर की बेटी ऐसी ही होती है जो बिगड़ते हुए काम को भी बना लेती है। स्थिति को सँभाल लेती है।"

मुंशी प्रेमचन्द की यह कहानी संयुक्त परिवार की समस्याओं को प्रदर्शित करती है कि घर में होने वाले विवादों को यदि चाहें तो घर में ही सुलझाया जा सकता है। आवश्यकता है तो स्थिति को देखकर कार्य करने की।

'बड़े घर की बेटी' प्रेमचन्द नाम से सबसे पहले प्रकाशित हुई। इससे पहले प्रेमचन्द नवाबराय नाम से लिखते थे। जब उनकी 'सोज़े वतन' पुस्तक को, जो नवाबराय नाम से छपी थी, ब्रिटिश सरकार ने ज़ब्त कर ली। उसके बाद उनके नए नाम प्रेमचन्द का जन्म हुआ और बड़े 'घर की बेटी' इसी नाम से प्रकाशित पहली कहानी है।

नशा

यह कहानी मुंशी प्रेमचन्द के निजी अनुभव की कथा है। इस कहानी के माध्यम से उन्होंने यह दर्शाया है कि मनुष्य पर किस प्रकार उसके साथियों का, आसपास के वातावरण का प्रभाव पड़ता है। प्रेमचन्द बहुत साधारण स्वभाव

के व बहुत तंगकशी में जीवन गुज़ारने वाले व्यक्ति थे। लेकिन इस कहानी में उन्होंने यह दिखाया है कि किस प्रकार राजसी ठाट का प्रभाव उन पर पड़ा। उनकी यह कहानी वर्ष 1934 के फरवरी माह में 'चाँद' नामक पत्र में प्रकाशित हुई थी। कहानी का सार:

एक बार लेखक (मुंशी प्रेमचन्द) अपने एक मित्र ईश्वरी के साथ, जो एक ज़मींदार का पुत्र था, दशहरे की छुट्टियों में उसके यहाँ गया। लेखक ईश्वरी के साथ रेलगाड़ी के दूसरे दर्जे में बैठा। इससे पहले लेखक ने रेलगाड़ी के मध्यम दर्जे तक में सफर नहीं किया था। लेखक साधारण कपड़े पहने था। वे एक जगह खाना खाने लगे तो खानसामे ईश्वरी की जी-हुजूरी में लगे रहे, लेखक को अधिक तवज्जो नहीं दी। ईश्वरी ने उन्हें अठन्नी बख्शीश दी। लेखक ने ईश्वरी से कहा, "यह तुम्हारी नहीं, तुमसे बख्शीश पाने के लिए तुम्हारी जी-हुजूरी कर रहे थे।"

जब वे मुरादाबाद स्टेशन पर पहुँचे तो पाँच नौकरों के साथ दो अन्य व्यक्ति उन्हें लेने आए। उनमें एक रियायत अली एवं दूसरा रामहरस था।

रियायत अली के पूछने पर ईश्वरी ने लेखक का खानदानी रईस के रूप में परिचय करवाया। लेकिन लेखक की साधारण वेषभूषा के कारण वह असमंजस में पड़ गया। तब ईश्वरी ने कहा, "ये गांधी जी के भक्त हैं और केवल खद्दर ही पहनते हैं। अपने कीमती कपड़ों का इन्होंने त्याग कर दिया है।" लेखक को यह सब अच्छा नहीं लग रहा था लेकिन अपने बारे में इस प्रकार की कल्पना करके वह खुश भी हो रहा था।

जब वे ईश्वरी के घर पहुँचे तो वहाँ का राजसी ठाट-बाट देखकर लेखक के होश उड़ गए। मुख्य दरवाजे पर नौकर-चाकर, हाथी-घोड़े। ईश्वरी ने लेखक का वहाँ भी पहले जैसा परिचय करवाया तो सभी उसका सम्मान करने लगे।

एकांत में ईश्वरी ने लेखक को समझाया, "यदि मैं तुम्हारा परिचय ऐसे नहीं करवाऊँगा तो तुम्हारा सम्मान नहीं होगा।"

जब दोनों आराम करते तो नौकर लेखक के पैर दबाते। लेखक की ज़िंदगी में नवाबी का यह पहला अवसर था। अभी तक लेखक अपनी धोती आदि स्वयं धोता था लेकिन आज यह सब करते वह समय स्वयं को हीन समझ रहा था। इसलिए अपनी धोती आदि वस्त्र धोने के लिए उसने नौकरों के हवाले कर दिए। भोजन के समय कहार ने उसके पैर

धोए। उस समय लेखक स्वयं को ज़मींदार समझने लगा था और सोच रहा था कि 'यह क्या हो रहा है। मैं तो साधारण लोगों से प्रेम करता हूँ और आज इन्हीं से पैर धुलवा रहा हूँ।'

जब लेखक इलाहाबाद से यहाँ आ रहा था तब उसने सोचा था कि ईश्वरी के घर आराम से पढ़ाई करेंगे लेकिन यहाँ स्थिति अलग थी। रोज घूमना, फिरना, शिकार खेलना, शतरंज खेलना आदि। नौकर-चाकर लगे थे, पंखा झलते थे।

लेखक आरामपसंद होता जा रहा था। एक दिन उसने सामने रखी दियासलाई से लालटेन स्वयं नहीं जलाई। जब रियायत अली आया तो लेखक ने उसे बहुत डाँटा। तब उसने वह लालटेन जलाई। अर्थात् लेखक पूरी तरह से राजसी ठाट-बाट में रंग गया था।

छुट्टियाँ समाप्त हुईं तो वे वापस इलाहाबाद के लिए निकले। गाँव के अनेक लोग उन्हें छोड़ने पहुँचे। लेखक सोच रहा था कि जैसा कि उसका परिचय करवाया गया था, उसके अनुसार उसे सभी नौकरों को कुछ-न-कुछ देना चाहिए। लेकिन कैसे? वह तो कंगाल था, उसकी जेब खाली थी।

जब वे रेलगाड़ी में चढ़े तो भीड़ अधिक थी। अचानक एक यात्री का गट्ठर लेखक के मुँह पर लग गया। रईसी के नशे के कारण उसे बहुत क्रोध आया। उसने उस यात्री को चाटें मार दिए। सभी को यह अच्छा नहीं लगा। किसी ने कहा–"यदि ऐसे ही हो तो पहले दर्ज़े में क्यों नहीं बैठे?" किसी ने कहा–"रईसी के कारण इंसान ने अपनी इंसानियत खो दी है।"

लेखक ने ईश्वरी का वाक्य भी सुना, उसने कहा, "तुमने मूर्खतापूर्ण कार्य किया है।"

लेखक भी अपने किए पर शर्मिंदा था। यह घटना सोच-सोचकर उसके ऊपर चढ़ा हुआ नशा धीरे-धीरे उतरता जा रहा था।

इस प्रकार, लेखक ने वातावरण के प्रभाव को प्रस्तुत किया।

घासवाली

मुंशी प्रेमचन्द की यह कहानी वर्ष 1929 के दिसंबर माह में 'माधुरी' नामक पत्र में प्रकाशित हुई थी। कहानी का सार संक्षेप–

मुलिया नीची जाति की स्त्री है। लेकिन ख़ूबसूरत इतनी कि दूर-दूर तक उसके समक्ष कोई नहीं टिक पाए। एक दिन घास काटकर आते समय

उसकी सुंदरता पर मुग्ध होकर गाँव के ठाकुर चैन सिंह ने उसका हाथ पकड़ लिया। लेकिन मुलिया ने भी साहसपूर्वक उसका विरोध करते हुए उसे हाथ छोड़ देने के लिए कहा। उसके कड़े विरोध से वह उसका हाथ छोड़ देता है। चैन सिंह बहुत ही तेज-तर्रार आदमी था। उसके खेतों पर काम करने वाले मज़दूर उसके सामने एक पल भी मटरगस्ती नहीं कर सकते थे। वह सभी को डाँट-डपट कर रखता था। सभी उससे डरते थे।

अगले दिन मुलिया घास काटकर लाने से इंकार कर देती है। उसकी सास समझाती है, "घास खरीदेंगे तो बारह आने रोज़ चाहिए।" उसका पति महावीर इक्का चलाता था। उसके घोड़े के लिए रोज़ घास चाहिए। अंतत: उसे जाना पड़ता है।

घास काटते-काटते अचानक चैन सिंह वहाँ आ जाता है। वह खेत चैन सिंह का ही था जहाँ वह घास काट रही थी। वह उछल पड़ती है। चैन सिंह कहता है, "घबरा मत, कल न जाने क्या हो गया था। मैं पछता रहा हूँ। लेकिन क्या करूँ, मेरा मन यही करता है कि मैं किसी प्रकार तेरे काम आऊँ। बस तेरी कृपा हो जाए।"

मुलिया पूछती है, "तुम्हारा विवाह हो गया?" चैन सिंह कहता है, "हाँ।" मुलिया कहती है, "अगर मेरा आदमी भी ऐसा ही व्यवहार तुम्हारी पत्नी से करे तो तुम उसकी गर्दन धड़ से अलग कर दो। तुम क्या सोचते हो, वह कायर है। उसका खून गर्म नहीं है। बस, वह नीची जाति का है...।"

इस प्रकार की बातें सुनकर चैन सिंह शर्म के मारे ज़मीन में धँसा जा रहा था। वह बोला, "ऐसा नहीं है। ऊँच-नीच की कोई बात नहीं। मैं नो तुम्हारे चरणों का सेवक बनने को तैयार हूँ।"

मुलिया बोली, "शायद इसलिए कि तुम यह अच्छी तरह जानते हो कि मैं नीच हूँ, कुछ नहीं कर सकती। अगर तुम किसी क्षत्राणी के चरणों पर अपना सिर रखो तो तुम्हें पता चल जाए कि तुम्हारी गर्दन से सिर कब अलग हुआ।"

यह सब सुनकर चैन सिंह के होश उड़ गए।

वह आगे बोली, "बड़े घरों में क्या होता है, मैं वहाँ जाती हूँ इसलिए सब जानती हूँ। अगर मैं काली, भद्दी होती तो तुम मुझे देखते तक नहीं। परंतु मेरा पति तब भी मुझे रखता। मैं नीच जाति की हूँ, लेकिन विश्वासघाती नहीं, जो अपने पति के साथ विश्वासघात करूँ। अगर मुझे कुछ भी हो जाए तो मुझे मेरा आदमी रखेगा। मैं उसके साथ धोखा नहीं

कर सकती। अतः जाओ और आगे मुझ पर गंदी नज़र मत डालना।"

ये बातें चैन सिंह के सीने में खंजर की तरह उतर गईं। उस दिन से वह ऐसा सीधा हो गया मानो कोई सीधी रेखा खिंच गई हो। उसका व्यवहार बदल गया। खेतों पर मज़दूरों से अच्छा व्यवहार करने लगा। मज़दूर भी मन लगाकर काम करने लगे।

फिर वह कभी मुलिया के रास्ते में नहीं आया।

एक दिन चैन सिंह कचहरी जाने लगा। घोड़ा तैयार किया लेकिन धूप अधिक होने के कारण वह महावीर के इक्के में गया। इक्के की हालत पर बातचीत करते हुए महावीर ने अपनी रामकहानी सुनाई कि लारियों के चलने से बुरा हाल है। मुलिया और उसकी माँ–दोनों घास छीलती हैं और मुलिया दूर उसे बेचने जाती है।

कचहरी में चैन सिंह ने उतरकर शाम को आने के लिए कह दिया।

शाम के समय चैन सिंह कचहरी के बाहर खड़ा होकर महावीर का इंतजार करने लगा। अचानक उसकी नज़र मुलिया पर पड़ी जो घास बेच रही थी। बहुत-से लोग उससे हँसी-ठिठोली कर रहे थे। बुरी नज़रों से देख रहे थे। चैन सिंह को यह सब नहीं भाया।

महावीर आया तो इक्के पर बैठकर चैन सिंह घर की ओर चल दिया। उसने आज की कमाई के बारे में पूछा तो महावीर ने बताया, "आज कुछ कमाई नहीं हुई।" तब चैन सिंह ने कहा–"मैं तुम्हें रोज़ एक रुपया दूँगा और जब काम होगा तो इक्के में सवारी करूँगा। मुलिया को भी कल से घास बेचने मत भेजना और यह बात मुलिया को भी मत बताना।"

दिन बीतते रहे। एक दिन चैन सिंह अपने घर जा रहा था कि राह में मुलिया की आवाज़ सुनाई दी। वह दौड़ती हुई उसकी ओर आ रही थी। निकट आकर हाँफती हुई बोली–"मैं कई दिनों से तुमसे मिलने की सोच रही थी। यह बताओ, तुमने कभी घास बेचते हुए देखा है मुझे?"

चैन सिंह ने सोचा, 'महावीर ने इसे सबकुछ बता दिया है।' वह बोला—"हाँ, देखा था। लगता है, महावीर ने तुम्हें सबकुछ बता दिया है। मैंने मना किया था फिर भी।"

मुलिया ने कहा–"हाँ, क्योंकि वह मुझसे कुछ नहीं छिपाता। तुम्हें याद है, यह वही जगह है जहाँ एक दिन तुमने मेरी बाँह पकड़ी थी।"

चैन सिंह ने कहा–"भूल जाओ उस बात को। मेरी गलती थी।"

मुलिया बोली–"वह भूलने वाली बात नहीं। उसी कारण तुममें इतना परिवर्तन आया। गरीबी के कारण न जाने क्या-क्या करना पड़ता है लेकिन तुमने मुझे वह सब करने से बचा लिया। फिर तुम भी उस दिन की लाज आज तक निभा रहे हो।"

यह कहकर मुलिया चली गई। चैनसिंह देखता रह जाता है।

इस कहानी में चैन सिंह के हृदय परिवर्तन को प्रस्तुत किया गया है। मुलिया के कटाक्षपूर्ण शब्दों ने एक ज़ालिम को इंसानियत सिखा दी।

हिंसा परमो धर्मः

मुंशी प्रेमचन्द की यह कहानी वर्ष 1926 के दिसंबर माह में 'माधुरी' नामक पत्र में प्रकाशित हुई थी। कहानी का सार–

जामिद एक ऐसा लड़का था जो दूसरों के लिए कुछ भी करने के लिए सदा तैयार रहता था। इसी प्रकार उसे खाना भी मिल जाता था। घर-परिवार था नहीं, अकेला था। जब लोगों ने उसे दुत्कारा कि अपना जीवन नष्ट मत कर, कोई काम कर, कभी कुछ हो गया तो कोई तेरा साथ नहीं देगा। तब कुछ सोचकर वह गाँव छोड़कर चल पड़ा और एक शहर में पहुँच गया। वहाँ बहुत से मंदिर, मस्जिद थे। उसने सोचा, यहाँ के लोग बड़े धार्मिक हैं। वह एक मंदिर के चबूतरे पर जा बैठा।

अच्छा वैभवशाली मंदिर था लेकिन वहीं उसे गोबर पड़ा दिखाई दिया तो वह उसे साफ करने लगा। लोगों ने देखा, मुसलमान है फिर यहाँ कैसे। किसी ने कहा, 'सफाईवाला है शायद।' किसी ने कहा, 'लगता है गोबर लेने आया है।' बातचीत हुई तो जामिद ने कहा–"भगवान् का मंदिर है। उसमें क्या हिन्दू क्या मुसलमान। भगवान् तो सबके लिए समान है।"

लोगों ने दया कर उसे वहाँ रख लिया। उसको कपड़े-लत्ते मिल गए। सिर के बाल ठीक प्रकार से बना दिए गये और धीरे-धीरे वह एक सिद्ध मौलवी के रूप में प्रसिद्ध हो गया। उसकी अच्छी खातिरदारी होने लगी।

एक दिन वह मंदिर में पाठ कर रहा था। तभी पास ही एक बलिष्ठ युवक एक वृद्ध मुसलमान को पीटने लगा। वृद्ध की मुर्गी उस युवक के घर में घुसकर तोड़फोड़ मचा आई थी। माफी माँगने पर भी वह युवक नहीं माना। जामिद ने बीच-बचाव का प्रयास किया। न मानने पर उसने उस युवक का गला पकड़ लिया। यह देखकर मंदिर में बैठे अन्य लोग

भी आ गए और उन्होंने जामिद को पकड़कर तड़ातड़ मारना प्रारंभ कर दिया। भीड़ से आवाज़ें आईं—"दगाबाज़, म्लेच्छ है। इनसे भलाई की तो सोचो ही नहीं। इनके धर्म की जड़ ही यह है।"

बस उसे अधमरा करके छोड़ दिया।

सुबह जामिद कराहता हुआ चल पड़ा। राह में वही वृद्ध मिला। कहने लगा, "कल तुमने बचा लिया। लेकिन मैं तुम्हें पिटने से नहीं बचा सका। नमाज़ का वक्त था न, इसलिए कोई नहीं आया वरना अच्छा पाठ पढ़ाते हम भी उन्हें।"

इधर-उधर की बातें करते हुए जामिद शहर काज़ी ज़ोरावर हुसैन के पास गया। उसे देख वह बोला—"वाह! तुमने बढ़िया काम किया है। तुमने अकेले ही उन काफ़िरों को मज़ा चखा दिया। अगर कुछ दिन और वहाँ रुक जाते तो तुम्हारी शादी हो जाती और एक सुंदर मोहतरमा तुम्हारे साथ यहाँ आती अच्छी खासी दौलत के साथ।"

काज़ी ने उसे बहुत चढ़ा दिया कि उसने इस्लाम धर्म का नाम रोशन किया है। लोग उससे मिलने आने लगे। काज़ी ने रहने के लिए उसे एक कमरा दे दिया। वहाँ वह धार्मिक ग्रंथों का अध्ययन करने लगा।

एक रात काज़ी के घर एक ताँगा आकर रुका। उससे एक महिला उतरी। वह बरामदे में आई और ताँगेवाले से कहने लगी, "यह तो वह घर नहीं, कहाँ ले आए मुझे?"

ताँगेवाले ने ऊपर चलने को कहा। स्त्री को देख काज़ी ने अपने कमरे की खिड़कियाँ बंद कर लीं। जामिद यह सब देख रहा था। महिला ऊपर पहुँची तो काज़ी ने तलवार हाथ में ली और दरवाजे पर खड़ा हो गया।

स्त्री ने उसे देखा तो सहम गई। वह वापस भागना चाहती थी लेकिन काज़ी उसे घसीटकर कमरे में ले गया। ताँगेवाला भी पीछे-पीछे और उसके पीछे जामिद। जामिद ने देखा, काज़ी ने महिला के दोनों हाथ पकड़ रखे थे। ताँगेवाले ने अंदर से दरवाजा बंद कर लिया।

स्त्री ने कहा, 'तुम तो मौलवी हो और ऐसा घिनौना कार्य! यही है तुम्हारा धर्म?'

जामिद भी भौचक्का रह गया कि काज़ी और यह हरकत। काज़ी ने उसका निकाह जामिद से करना चाहा। लेकिन स्त्री ने कहा, "मुझे छोड़ दो, नहीं तो चिल्लाकर तुम्हारा मौलवीपन निकलवा दूँगी।"

अंत में जामिद ने काज़ी और ताँगेवाले को ज़मीन पर पटककर दरवाज़ा खोला और उस स्त्री को एक ताँगे पर बिठाकर उसके घर छोड़ने चल पड़ा। काज़ी ने पीछे से जामिद के डंडा खींचकर मारा लेकिन उसका निशाना चूक गया।

उसने अहियागंज में उस स्त्री को उसके घर छोड़ा। उसके पति का नाम पंडित राजकुमार था। उस स्त्री का नाम इंदिरा था जो बाहर से आई थी और ताँगेवाला धोखे से उसे स्टेशन से काज़ी के घर ले गया था। इंदिरा के पति ने जामिद का धन्यवाद करते हुए कहा—"आप तो मेरे लिए भगवान् समान हैं। मैं इस अहसान का बदला कैसे चुका सकूँगा।"

जामिद ने कहा—"केवल इतना ही करना कि यह जो भी हुआ, उसके कारण किसी गरीब मुसलमान को सताकर उसका बदला मत लेना।"

यह कहकर वह जल्दी-जल्दी चलकर वापस अपनें गाँव पहुँचना चाहता था। यहाँ शहर में उसका दम घुट रहा था।

इस कहानी में मुंशी प्रेमचन्द ने उन लोगों पर कटाक्ष किया है जो धर्म की आड़ में अपनी रोटियाँ सेंकते हैं। उन्हें धर्म से कोई लेना-देना नहीं होता, बस उसका सहारा लेकर अपना उल्लू सीधा करते हैं और केवल ण्हसा को अपना परम धर्म समझते हैं।

इस प्रकार मुंशी प्रेमचन्द ने जितनी भी कथा-कहानियों का सृजन किया, परिवेश को ध्यान में रखकर किया। सामाजिक कुरीतियों को उजागर करती उनकी तात्कालिक कहानियाँ आज भी उतनी ही प्रासंगिक हैं; और युग-युगांतर तक प्रदीप्त प्रकाश स्तंभ की भाँति समाज का मार्गदर्शन करती रहेंगी।

मुंशी प्रेमचन्द की कुछ अन्य लोकप्रिय कहानियों के शीर्षक हैं :

अग्निसमाधि, अमृत, आभूषण, खुदाई, ठाकुर का कुआँ, त्रिया-चरित्र, दो बैलों की कथा, नमक का दारोग़ा, पंच परमेश्वर, प्रायश्चित्त, मर्यादा की वेदी, फ़ौजदार, मुक्तिमार्ग, दारोग़ा जी, शतरंज के खिलाड़ी, सती, सवा सेर गेहूँ, महातीर्थ, सुजान भगत, सेवामार्ग, स्वत्व रक्षा, देवी, विमाता, पछतावा, हार की जीत, नैराश्य।

●●●

अध्याय 18

उपन्यास-सम्राट मुंशी प्रेमचन्द

मुंशी प्रेमचन्द ने कहानियों के अतिरिक्त अनेक उपन्यासों की रचना की। उनके विविध उपन्यासों के कारण वे उपन्यास-सम्राट के रूप में प्रसिद्ध हुए।

प्रेमचन्द ने अपने उपन्यासों में विभिन्न सामाजिक विषयों को उठाया। आभूषणों के प्रति लोगों का लगाव, दहेज आदि कुप्रथाओं, विधवा-विवाह, अशिक्षा, सांप्रदायिकता जैसी समस्याओं को उठाया और लोगों को जाग्रत करने का प्रयास किया। स्वतंत्रता आंदोलन में उन्होंने अपने लेखों से योगदान दिया।

निम्न लोगों की स्थिति, गाँवों में लोगों के रहन-सहन, ज़मींदारों का रुतबा, किसानों की दयनीय स्थिति आदि का उन्होंने अपने उपन्यासों में बखूबी चित्रण किया है। मुंशी जी के कुछ प्रमुख उपन्यास-

प्रेमा : मुंशी जी का यह उपन्यास वर्ष 1907 में 'इंडियन प्रेस' से प्रकाशित हुआ।

किशना : यह उपन्यास वर्ष 1907 में 'मेडिकल हॉल प्रेस', बनारस से प्रकाशित हुआ।

सेवासदन : मुंशी प्रेमचन्द का यह उपन्यास पहले 'बाज़ारे हुस्न' के नाम से उर्दू में लिखा गया था। लेकिन 'सेवासदन' के नाम से हिन्दी में 1919 में, पहले प्रकाशित हुआ। इस पर 'बाज़ारे हुस्न' नाम से फिल्म भी बनी।

रंगभूमि : यह उपन्यास हिन्दी में प्रकाशित हुआ जबकि इसे पहले उर्दू में 'चौगाने हस्ती' के नाम से लिखा गया था।

ग़बन : यह उपन्यास वर्ष 1931 में 'सरस्वती प्रेस' से प्रकाशित हुआ।

कर्मभूमि : यह उपन्यास वर्ष 1932 में प्रकाशित हुआ। उर्दू में यह 'मैदाने अमल' नाम से लिखा गया।

गोदान : यह अति प्रसिद्ध उपन्यास वर्ष 1936 में प्रकाशित हुआ।

निर्मला : 'चाँद' में नवंबर, 1921 से नवंबर, 1926 के दरम्यान प्रकाशित।

कायाकल्प : 1926 में प्रकाशित।

प्रेमाश्रम : 1921 में प्रकाशित।

वरदान : 'जलवए ईसार' का हिन्दी रूपांतर; वर्ष 1921 में, ग्रंथ भंडार, बम्बई से प्रकाशित।

इस प्रकार उपर्युक्त उपन्यास मुंशी जी के वे लोकप्रिय उपन्यास हैं जिन्होंने समाज को नई दिशा और दशा देने का प्रयास किया है।

मुंशी प्रेमचन्द सर्वश्रेष्ठ उपन्यासकार तो थे ही, साथ ही उनकी कहानियाँ भी उन्हें कहानीकारों में अनन्य स्थान प्रदान करती हैं। ऐसे कालजयी उपन्यासकार, कथाकार मुंशी प्रेमचन्द आज सशरीर हमारे बीच नहीं हैं लेकिन अपनी रचनाओं के रूप में वे सदा हमारे बीच मौजूद रहेंगे।

●●●